可持续视域下高校校园体育文化建设现状及对策

吴杰忠　著

北京工业大学出版社

图书在版编目（CIP）数据

可持续视域下高校校园体育文化建设现状及对策 / 吴杰忠著．— 北京 ：北京工业大学出版社，2020.6（2021.5 重印）
ISBN 978-7-5639-7492-4

Ⅰ．①可… Ⅱ．①吴… Ⅲ．①高等学校－校园文化－体育文化－研究－中国 Ⅳ．① G807.4

中国版本图书馆 CIP 数据核字（2020）第 168523 号

可持续视域下高校校园体育文化建设现状及对策

KECHIXU SHIYU XIA GAOXIAO XIAOYUAN TIYU WENHUA JIANSHE XIANZHUANG JI DUICE

著　　者：吴杰忠
责任编辑：刘　蕊
封面设计：点墨轩阁
出版发行：北京工业大学出版社
（北京市朝阳区平乐园 100 号　邮编：100124）
010-67391722（传真）　bgdcbs@sina.com
经销单位：全国各地新华书店
承印单位：三河市明华印务有限公司
开　　本：710 毫米 ×1000 毫米　1/16
印　　张：10
字　　数：220 千字
版　　次：2020 年 6 月第 1 版
印　　次：2021 年 5 月第 2 次印刷
标准书号：ISBN 978-7-5639-7492-4
定　　价：58.00 元

前　言

高校在建设校园体育文化的过程中，在精神层次建设、文化层次建设等方面还存在一些难点问题，不利于体育文化建设活动的顺利开展。基于这种情况，高校在实际建设过程中应结合自身的实际情况，强化舆论宣传作用，树立打造特色体育文化品牌的理念，设立丰富多样的体育文化主题，加强体育场地设施建设，从而培养学生体育锻炼的意识，营造出积极健康的校园文化，实现高校体育教育事业的可持续发展。

高校校园体育文化建设的重难点主要表现在以下两方面。一是精神层次建设方面。高校校园体育文化建设的关键是精神层次，但是在实际建设过程中，部分高校往往都将田径运动转化为体育文化节，没有保证文化节内容的丰富多样性，致使文化节缺乏自身特色与鲜明主题，过于重视形式的多样化。二是制度层次建设方面。体育教育目标的实现需要以校园体育文化建设为基础。但是部分高校在建设校园体育文化时，缺乏完善的运行机制，难以获得较好的文化建设效果。

高校要想强化自身的体育文化建设，必须要建立行之有效的规章制度，全面贯彻落实相关的体育章程，保证校园体育文化活动的顺利开展。同时应对自身体育场地设施建设加以强化，重视设备、器材与场地等物质文化的建设，这样能保证课外体育活动和课堂体育教学的顺利进行，培养学生体育锻炼的意识，有效推动校园体育文化的构建，实现培养优秀人才的目的。

目　录

第一章　体育与文化

体育运动是人类创造的一种文化活动，体现着人类在推动社会发展过程中的文明进步程度，具备着文化的特征，是人类文化的一个组成部分。人们在关注体育生物属性的同时，也要重视体育的文化属性。学习了解掌握体育文化的基本内涵、体育与文化的关系、中西方不同文化背景下的体育文化特征，以及奥林匹克运动的渊源及文化内涵，对于提高体育素养、提升人文精神、积累文化底蕴等，将起到积极的促进作用。

第一节　文化与体育文化

人类在长期的社会生活过程中，往往简单地把体育看作一项身体技能活动，往往忽视了从文化层面来透视体育的文化属性。然而，体育从产生之日起，就与文化有着千丝万缕的联系，随着人类文明的进步与发展，体育与文化便愈加紧密而不可分。体育运动能够深刻地影响到人类的精神世界、审美意识、价值观念、创造能力以及生活方式等各个方面，是人类社会中的一种特殊文化现象，体现着人类在推动社会发展过程中的文明进步程度。

一、文化的含义及特征

在中国古汉语中，文化是“文”和“化”的复合词。“文”的本义指各色交错的纹理，后引申为包括语言文字在内的各种象征符号，进而具体化为文物典籍、礼乐制度，导出“修饰”“修养”“人为加工”等含义，以及美、善、德行之义。“化”的本意为发生、变化、造化。如《周易·贲卦·象传》中说：“观乎天文，以察时变；观乎人文，以化为天下。”“天文”指自然之文，“人文”指典籍礼俗。“文化”作为一个专有名词最早见于汉代刘向的《说苑·指武》，“圣人之治天下也，先文德而后武力。凡武之兴，为不服也，文化不改，然后加诛”，显示出了文治教化的本意，基本上代表了中国古代关于文化的概念。而现代汉语中的“文化”是一个外来语，是20世纪初由欧洲经日本传入中国的。

在西方，“文化”源于拉丁文 culture，早期指种植、耕耘、农作，通常用于耕耘土地和农业劳动。后来逐渐被赋予了教育、培养的意义，出现了“工艺的改进”和“精神耕耘”等提法，从此便有了耕耘土地和耕耘智慧的两种含义。文艺复兴以后，人们将农业、手工业、商业、教育等活动都归入了文化范畴，认为凡是与自然状态、天然状态相对立的都属于文化现象。19世纪以来，文化作为人类生活独有的现象，受到普遍重视，社会学、历史学、教育学、人类学、心理学等学科都提出了各自的文化概念。英国文化人类学家泰勒将文化科学的概念首先引入了英语世界，之后，文化学研究迅速在欧美国家发展起来。泰勒提出：文化，是一个复合的总体，它包括知识、信仰、艺术、道德、法律、风俗以及人类在社会里所得到的一切的能力和习惯。

事实上，随着历史的发展，“文化”在不同时期的含义也有所变化。因此，时至今日人们对于文化的概念仍众说纷纭，尚未达成共识。不仅如此，文化还一直是众多学科探究、争鸣的对象，许多学者从不同角度提出了更多关于对文化的理解与认识。“文化是人类在社会历史实践中所创造的物质财富和精神财富的总和。”“文化是社会和人在历史上一定的发展水平，它表现为人们进行生活和活动的种种类型与形式，以及人们所创造的物质与精神财富。”“文化不是可见的行为，而是人们用以解释经验和导致行为并为行为所反映的价值观和信仰。”“文化是人类为了满足生活需要而产生的一切生活方式的综合。”“文化指社会的意识形态以及与之相适应的制度和组织机构。”“文化的结构有物质文化与精神文化两分说，有物质、制度、精神三层次说，物质、制度、风俗习惯、思想价值四层次说，有社会关系、精神、艺术、语言符号、风俗习惯多因素说等。”

虽然，众多学者对于文化的解释和理解有许多不同之处，但是也可以概括出一些关于文化的基本特征。①文化具有历史承继性。文化是社会性传承的结果，其传承的基本方式是“耳濡目染”。②文化具有社会群体性。任何文化都不能脱离社会而存在，并且文化为一定社会群体所共有。某一个体后天习得和创造的思想、观念等，只有在被他人所接受后，才能称为文化。当然，文化的社会群体性是有不同层次和范围的，有的文化因素属于全人类，有的仅属于某个民族或地区。属于全人类的文化因素具有人类性或世界性的特征，属于某个民族或地区的文化因素具有民族性和民俗性的特征。③复合性。文化的要素和成分尽管是多种多样的，然而文化不是简单、孤立的诸要素和成分杂乱无章地叠加。相反，各要素和成分之间是相互整合而统一的。文化就是诸多要素和成分在杂乱的纵横交错的关系中所产生的综合统一体，这种统一性常常通过共同的价值系统和行为模式表现出来。具体理解文化的广义含义，它除了以教育、科学、艺术等为重要组成部分之外，还包括体现在人们物质生活和人们社会关系中的饮食文化、服饰文化、居住文化、婚俗文化、信仰文化、游艺文化、体育文化等。因此，文化往往与众多领域复合，是复杂的整合体。④文化是普遍存在的具体性东西。文化是一种人类活动，是人类所取得的一切成果的结晶。有了人类就有了历史，有了历史就有了文化。每一个社会、国家、民族的人们都生活在一定的文化系统中。这种文化系统还具有一定的规则性，能依靠法律、制度、习俗、思维方式、价值系统等来引导或约束社会成员的个体行为，使他们的情感、思想与行为都纳入群体的价值目标和轨道。

二、体育与文化的关系

体育是以身体运动为基本手段促进身心发展的文化活动。体育在本质上属于文化的范畴，是文化的组成部分。同时，体育自身也在创造一种健康文化，是人类对自身身体与精神有目的、有意识的培育活动，是一种对人类自身的“人化”过程。然而，在人类的文化发展史上，有相当长一段时间把体育排斥在文化之外，甚至还把体育与文化对立起来，认为体育没有文化价值。事实上，体育与文化的关系是极其密切的，这可以从以下几个方面得到印证。

首先，体育具有文化的功能。文化具有享受和发展功能、社会化功能、控制功能等。参与体育运动过程，可以使人们从中体验精神享受，体验奋斗和进取过程中的精神力量，感受因超越自我而拥有的进步与成功。体育运动可以把人类社会活动中的团结、合作、竞争、交流与交往等形式体现得淋漓尽致。体育运动还可以培养人们遵守规则与纪律的规范意识，提高体育道德水平。

其次，体育体现了文化的继承性与民族性。我国体育具有悠久的历史，各种养生导引术、武术技击和民间游戏等经历了几千年的承袭和发展，成为当今世界体育文化中的瑰宝。以奥林匹克为代表的欧洲竞技体育，在古代延续了一千多年，因战争被迫中断后，现代奥运会又重新恢复一百余年。这也充分说明，凡是进步的文化，总会得到历史的承认并被人们继承与发展下去。同时，文化具有民族性，而体育运动的民族性也非常显著。如蒙古族的那达慕、侗族的抢花炮、傣族的泼水节、朝鲜族的荡秋千等，全世界两千多个民族展现出了丰富多彩的民族体育形式。体育的民族性折射出了民族的语言、心理、性格，以及在此基础上形成的文化模式。

最后，体育显示了文化的时代性与世界性。文化具有时代性，能够反映出时代特点。体育的时代性特征十分鲜明，如早期的祭祀体育，现代的休闲体育等。同样，文化也具有世界性，一方面文化财富为全人类所共有，另一方面文化可以传播到世界各地。体育运动是一种最便于交流的“国际语言”，在世界范围内的交流极少有障碍，具有极其便利的条件，这就是构成体育运动国际性的一个重要原因。

总之，体育是人类所创造的文化形式之一，是构成人们生活方式的一种表现形式。尽管体育具有自身的变化规律和相对独立的范畴，但仍然能够反映出人类文化的缩影。它的发生发展受到整个人类文化中各种因素的制约，诸如教育、军事、政治、经济、卫生、宗教、外交、法律、伦理、审美等方面都不同程度地影响着体育的发展。同样，体育运动不仅是人类机体得以充分发展的必要条件和促进心理健康的重要手段，而且也是促进社会发展的积极因素。体育运动影响着人们的精神世界、价值观念、生活方式、审美意识和创造能力，在很大程度上与人类的产生、生存和发展有着无法割裂的关系，从某种程度上推进着人类社会的进步与发展。可见，体育与文化有着千丝万缕的联系，体育不仅可以让个体强身健体，而且也能满足社会及个体的文化生活需要。体育被看作一种文化活动，是因为人们通过体育运动促进身心健康、丰富生活并从中体验人生。当体育运动有助于人的幸福和完善时，便具有了文化的意义。在现代社会发展过程中，体育对于人的全面发展在人格与心理及观念、意识方面的作用更加突出，将体育视为一种社会文化现象，充分显示出了体育与人类生存和发展的密切关系。体育运动是人类创造出来的一种文化活动，体现着人类在推动社会发展过程中的文明进步程度，具备着文化的特征，是人类文化的一个组成部分。因此，我们不仅要关注体育的生物属性，同时也要重视体育的文化属性。

三、体育文化的含义及形态

（一）体育文化的含义

目前人们对于体育文化的概念尚未取得统一性认识。但是，体育发展过程中所产生的观念形态和知识体系，所创造的手段、方法、技术、器械、设施，以及有关的组织、宣传机构等，已经在人类的社会生活中构成了一种独特的文化现象。人们的体育价值观念，运动技能，体育活动的组织管理方法，有关体育报刊、书籍、音像制品的出版发行，广播电视中的体育节目，体育题材的文艺作品，体育奖品、宣传品、纪念品以及体育文物等影响到人们精神生活的一切方面，都可视为体育文化的范畴。著名体育学者卢元镇提出：体育文化是人类体育运动的物质、制度、精神文化的总和，大体包括体育认识、体育情感、体育价值、体育理想、体育道德、体育制度和体育的物质条件等。

1. 体育物质文化

①满足体育需要而开发的各种体育器材和场地设施。如北京奥运会的“鸟巢”“水立方”等场馆，运动员采用的球拍、跑鞋、雪橇、泳衣等产品，无不凝聚着尖端的科技成分和深厚的人文元素。②促进人的身心发展而进行的体育活动方式。如田径、球类、体操、游泳、滑雪、击剑等，已经成为满足人们健身、竞技、休闲和观赏需要的重要方式。相信随着人们需求的丰富和升华，新的活动方式将不断产生。③促进体育发展而创造的各种思想物化品。如体育音像制品、体育计算机系统仿真等。

2. 体育制度文化

①在体育运动中人的角色、地位以及各种体育活动的组织形式。根据项目需要以及个人特点，人们在体育运动中充当着各种不同的角色。如裁判、教练、队长、队员、主攻、二传、守门员、前锋等。各种各样的角色在一定的组织形式制约下共同维持活动的进行。活动的组织形式包括淘汰制、循环制等赛制。②促进体育发展而形成的各种组织机构。人类的个体活动和集体活动都离不开组织机构的作用，体育活动中也同样需要各种组织机构。如 1881 年成立的世界上第一个国际单项体育组织——国际体操联合会；1894 年成立的国际奥林匹克委员会。此外，还有各洲体育组织、国家体育组织、省市体育组织、社区体育组织、学校体育组织等。③围绕体育而创造的各种直接影响体育活动的原则、制度。在组织制度文化中，组织机构的原则和制度是至关重要的，它决定着组织的性质、活动方式和发展方向，如体育法、学校体育管理条例、体质健康标准、体育社团管理制度、体育竞赛管理制度等。

3. 体育精神文化

①改造人的精神的理论或观念。体育作为一项促进人的身心和谐发展的活动，需要在多个方面给予科学的支撑，体育学科就是在体育活动的理论需要背景下产生的。如体育心理学揭示体育运动过程中人们的各种心理现象及其规律，体育史学揭示人类体育产生发展的历史过程及规律，引导人们在现实的体育实

践中趋利避害。这些学科的研究大多以书面文化的形式来体现，集中反映了该领域中用于指导人们体育活动的思想观念和理论体系。②表现体育精神的艺术文化。体育活动的激烈、直观、惊艳和宏大等特点使得它往往成为文艺表现的对象，如小说、影视、歌曲、漫画、图片等。这些蕴涵着人们的情感、审美、意志等文艺作品，归属于体育精神文化的范畴。当人们关注体育艺术作品时，焦点一般集中在对它所表达的思想、精神或情感与审美等深层次的感悟上，而非物质外观本身。体育精神文化的这个层面属于艺术文化的一部分。③改造人的主观世界的各种想法和打算。文学和艺术直接指向人们的精神世界，它的实现方式往往贴近人们的悲、欢、喜、愁等心理体验，这些文化属于意识形态领域的文化。体育文化一度并非视作具有改善灵魂的作用，但实际上它改造人们的主观世界的可能性是非常巨大的。如体育道德、体育精神、体育人格、体育理想等心理文化范畴的内容，对于提高人们的情感、态度、价值观有着积极的意义，是体育精神文化的重要部分。

（二）体育文化的形态

校园体育文化：校园体育文化是校园文化中与体育文化有直接或间接关系的部分，它的主要功能在于引导、培养和熏陶学生主动参与体育、理解体育、关注体育。它的形成依赖于学校体育的开展状况，学校体育场馆、设施的建设与配备情况，学校体育竞赛的组织管理情况以及参加的人数及其积极性等状况。校园体育文化是学生体育态度、体育情感、体育价值观以及体育行为方式等多因素组合的结果，是学生群体向心力与凝聚力的一种良好体现。

竞技体育文化：竞技体育文化是以竞赛为特征来显示体力与智力、促进身心协调发展的一项文化活动，其主要特点是，竞争性、规范性、公平性、集群性、公开性、观赏性。竞技体育的文化价值突出体现在：激发人们坚毅、顽强、振奋向上的进取精神；展示公平、公正、民主、团结、协作的道德观念与社会理想；满足人们的精神生活需求；促进交流与交往、展示团队特色和实力；推动人文精神、科技进步、经济发展的进一步提升。

休闲体育文化：休闲体育文化是满足人们身心健康和娱乐需要的文化活动。休闲是一种生活理想，是为了修身养性、愉悦身心、完善自我而自主选择的生活方式，是当今人类文化活动的重要组成部分，也是社会进步的一个标志。休闲体育既不追求高水平的竞赛成绩，也不受限于体育教学的种种规定，甚至也不把健体强身放在首位，而是把体育运动作为一种有意义的活动形式，使自己从中得到休息、放松、陶冶和娱乐。如各类活动性游戏、借助运动项目的娱乐活动、游艺活动、徒步旅行、爬山、钓鱼、放风筝、轮滑、台球、保龄球等。

民族传统体育文化：民族传统体育是某个民族在劳动实践中所创造的，符合本民族身体活动方式的娱乐活动。民族传统体育文化以民族传统体育为载体，它是各民族在长期的历史发展过程中，在各自特殊的自然、地理、经济、文化条件下所产生和形成的，具有历史性、传统性和民族性等特征。在起源方式、活动方法、表现形式、情感取向和审美观念等文化内涵方面具有浓郁的民族文化色彩。如中国的武术、太极拳、舞龙舞狮；日本的柔道、大相扑；印度的瑜伽、卡巴迪；蒙古的马术、摔跤，以及欧洲一些国家的击剑等。这些项目包含着浓厚的哲学、宗教、习俗以及审美观念等，与生产方式、风俗、道德、艺术、兵法等都有着密切的关系，还体现出了活动过程中的礼仪性和伦理性。

第二节　中西方体育文化的差异

文化传统的差异是体育文化存在差异的根本原因，各民族体育文化的发展特点反过来又使得各民族文化传统间的差异得以继续存在或强化。无论是东方还是西方的传统文化，都有其生成和发展的特殊性。人们在不同地域、历史和文化背景中所产生的思维方式、思想观念也各不相同，从而产生了不同的社会实践方式和行为规范。东西方文化的不同特质，导致了其体育文化的内涵与表现形式也必然存在着差异。

一、中国传统文化及其影响下的中国体育文化

中国传统体育文化深受中国传统文化的影响，我们从中国传统文化入手，来分析中国传统体育文化的基本特征。

（一）道德至上

古代中国注重情感和尊崇道德的观念，在体育运动领域得到了充分的体现。传统的道德观念是在中华民族文化价值观念的影响下形成的，如孔子的“尚仁”，墨子的“兼爱”。其积极意义在于规范人们的社会生活行为、平和社会气氛，但是，个体竞争需要受到了压抑。社会的需要以伦理为主体而进行构建，对道德的追求成为中国人的主体需要，这势必也扼杀了个体的生机。结果是重义轻利的价值观念历代相传，并渗入到人们精神意识的最深处，从而把伦理生活置于物质生活之上，把伦理原则和物质利益对立起来。这种道德至上的价值观反映在体育上，就是崇尚体育的伦理价值而贬低体育的实用价值，这种传统

观念一直在中国体育史上绵延不绝，直到今天仍可以在人们的体育观念中找到它的踪迹。

（二）注重和谐

以儒家为主体的中国传统文化，其主旨精神始终是解决个人与集体的关系。在中国古代，由于伦理价值观的作用，具体的个人仅表现为一种抽象的存在，并显得毫无意义。人的个性几乎消失在整体性之中，使得人的主体性和能动性受到全面压抑，总是被动地接受某种盲目力量的驱使。而现实社会中人的快乐与痛苦则完全被一种理想的是与非、善与恶的伦理价值判断所代替，这种情况对于体育文化的影响则是巨大的。体育活动的开展必须以“德、仁”等伦理道德标准为前提。

（三）追求稳定

中国农业型社会自给自足的特征，使安居乐业的中华民族不必把走向遥远的外部世界视为谋生的必由之路。封闭的地理环境、生产方式和文化心理特征，使得中华文化缺乏了主动性、创造性和开放性。中国先哲追求的价值目标就是达到某种安稳，在这种观念的影响下，人们不是执着地向外开拓，而是在充满温情的“以和为美”中修身自省。在中庸之道的观念支配下，人们往往表现为安于朴素，知足常乐，由此也限制了人们的开拓能力，淡化了人们的竞争意识。因此，在体育文化的活动表现方式上，中国古代体育运动多以个体的、娱乐性的、技艺性的、表演性的项目为主，如礼射、投壶、棋牌等，而对抗性的、竞争性强的、集体性的身体接触较多的运动项目，则开展较少，也难以流行。

（四）强调意蕴

儒家思想的核心是“礼”，提倡中庸思想，凡事要恰到好处，不能过分。中国体育文化在儒家思想的长期影响下，形成了中华民族的体育文化特色。儒家文化强调文化意境，更多地注重艺术性。八卦、太极中的意境强调是对中华民族文化“意境”表现的一种反映，正是这种对本民族文化的反映，使得中国武术蕴涵了博大精深的民族文化特质。也正因为如此，外国运动员在没有了解中国文化之前，很难掌握中国武术的精髓，而只能是机械地按套路模仿。中国体育文化注重对身体文化之外的拓展性价值，忽略体育文化的本体，重视的是体育文化中的理性思辨，而忽视实际操作，所以也经常出现所谓的“点到为止”。

二、西方文化及其影响下的西方体育文化

西方文化在影响其体育文化的形成与发展时，主要体现在以下几个方面。

（一）突出个体发展

强调人是万物之灵，从以人为中心的观点出发，主张人可以认识自然，控制自然，征服自然。作为西方文化发源地的希腊社会，是以个性发展、个体生命能力弘扬为主体而进行构建的。于是他们选择了生机勃勃的生活方式，向大自然挑战是希腊人永恒的信念。社会竞技活动在这样的生活方式中，得到了淋漓尽致的发展。这种文化精神与民族性格在西方社会得到了世代传承，即使是中世纪宗教的淫威也没有使其泯灭，西方人保持了先前富有生气的生活方式，使得竞技运动得到了良好的持续与发展。由于海洋文化的独特影响，西方体育文化中更加突出表现出人的开拓意识和进取精神，注重人的智力和身体能力的积极发展。西方文化中突出个体发展的个人奋斗精神，也充分体现在了他们的体育思维方式、体育思想、体育信念、体育价值观、体育态度和体育情感等各个方面。个人主义是西方体育中的一种主导精神，是一种人生哲学和价值标准，它充分肯定了运动者的个人奋斗和个人价值。例如，西方体育世界的球星文化，将个人英雄主义表现到了极致。

（二）重视宗教地位

西方古代社会本质上是一个宗教社会，在西方社会的历史发展中，宗教起着决定性的作用。宗教对社会、个体具有巨大权威。古希腊宗教特有的神人同形同性特征，与城邦公民相结合，陶冶了人们的人体审美意识和体育意识。古希腊竞技不仅意味着对雄踞奥林匹亚山顶诸神的献祭和取悦，更重要的是，它意味着人在按照高度理想化的自身形象和能力构筑神的形象的同时，又反过来以这些人格化的神为模式来塑造人本身，这种宗教观念意识在人们的心理上积淀的结果，促成了人们从人格意识出发所形成的体育风尚。

（三）强调多元的文化价值观

欧洲历史发展的特点之一就是它的文化来源的多样性、民族划分的多样性和地域上的分散性。无论是古代的罗马帝国、中世纪的神圣罗马帝国，还是拿破仑帝国，都不过是些松散的集合体。文艺复兴以来，民族国家林立，文化各现异彩，政治体制五花八门，同样从西方体育的发展状况也能充分反映出这一特征来。不同文化背景下，不同民族和国家的体育一经产生，在融入西方体育

的过程中，并未受到西方体育文化的排斥。人们在选择运用这种体育运动时，体现出了鲜明的多元文化特色。不同民族丰富多彩的体育运动形式，汇集到了西方体育文化这一大家庭中，经过融化而成为今天西方体育乃至世界体育的主流。

三、中西方体育文化的差异比较

（一）中西方体育价值观的差异

中国古代文化是追求静态美的文化，而西方传统文化则是动态文化，这决定了中西方体育文化形态和体育价值观的实质性差异。

中国体育坚持天人合一的生命观、强调和谐的运动观，它的一个显著特点就是通过身体锻炼的有形活动来促成精神的升华。其作用体现在养护生命、延年益寿和祛病、防病上。太极拳最能代表中国传统的养生体育，其动作要领讲究松、静结合，强调内部修炼和意念的作用，以“境界”论高低。中国传统体育还被用来作为培养人们遵从礼仪的手段或方式，如射箭、角力等项目就被纳入了礼的范畴。中国传统体育的规则不是针对该项活动本身而定的公平竞争原则，而更多是从道德修养角度对参加者提出的道德要求，重点不是鼓励取胜而是比谁更符合伦理规范。

作为西方古代体育的典型代表，古希腊体育强调的是身体美与精神美的和谐统一，更注重人体的“力”与“美”。他们心目中的高手并不是看不见摸不着的某种内在的人格，而是血统好、发育好、比例匀称、身手矫健并擅长各种运动的人。注重把体育的价值指向对人体的塑造和培养，如早期的比赛以裸体形式进行，以展示人体外型的强壮和肌肉的健美。希腊人对人体的重视乃至崇拜也影响到了教育、艺术等各个方面的发展。

公平竞争是近代西方社会生活的普遍原则，因此，追求公平与平等是西方近代体育的基本原则，它不承认除身体、心理、技术之外的任何不平等。在竞技运动项目的比赛中，强调以人为中心，从人的内部去寻求动力。一场激烈的运动竞赛就是灵魂与肉体的较量，呼唤人们超越自我，展示积极进取的精神风貌。

（二）中西方体育运动手段的差异

中国传统体育文化强调整体效果和直观感受，对动作的把握主要靠直观顿悟，动作简单，但内涵深刻；主要讲究动作的神韵，追求动作表现上的形似，更追求内部修炼基础上的神似。因此，很少有肌肉剧烈收缩的运动方式，一般讲求动作的刚柔相济、动静结合、虚实兼备、张弛有度、神形兼顾等。中国传统体育文化的目标是修身、养性，典型项目一般包括太极拳、气功、武术等。

西方体育强调肌肉健美、体格健壮，强调身体的外部运动。许多活动方式要求大肌肉群参与，且肌肉运动剧烈。提倡对人体的力量、速度、耐力、柔韧、灵敏等身体素质的训练，促进身体各部分均衡协调发展。通过赛跑、跳跃、投掷、体操、马术、击剑、游泳以及多种球类运动等形式，提高人体活动能力、机能水平，获得精神充实与满足。西方体育讲求对抗与拼搏、追求“更快、更高、更强”，在身体的激烈活动中常伴有损伤、疲劳、激动、亢奋等情况。当然，也提倡科学、讲究规范，重视体育科学理论的指导作用，有着明确的竞赛规则和场地器材要求。

（三）中西方体育竞技态度的差异

中国传统体育活动方式一般以个体活动为主，讲究自我锻炼，并不提倡相互争斗，相互对抗，也不追求对自然的超越。而是表现出自娱性的特点，强调依靠自身的修炼达到健身祛病、延年益寿的目的。古人对竞技性的身体运动并不重视，认为纯粹的力量、速度、灵敏、技巧等外在表现只是低层次的，与人切磋和过招重在较心、较智、较人格高低、较修养深浅。这样便很少有对抗激烈的竞技性项目，与西方体育追求更高、更快、更强，追求对抗与竞争，追求冒险和刺激有着很大的不同。因此，中国对竞技结果的态度也就表现出了与西方的不同，认为竞技的胜负本身是无足轻重的，“胜固可喜，败亦无忧”。无论胜负都是对人生的一种体验，一种磨砺，它们都可以对人格的完善起到促进作用，胜与负在对人的内在精神与气度的培养上具有同样的价值。

西方体育文化提倡竞争，其活动是在相互较量、相互比较的过程中完成的，提倡超越对手、超越自然障碍。在西方人看来，竞技场上的结果、成绩、名次直接影响到做人的价值以及自身的尊严，成绩的好坏是他一生成功与否的标志，成功与失败是两种完全不同的东西。因此，竞技场上的胜利者也往往被人们推崇为英雄。当今世界赛场上看到的绝大多数比赛项目都是西方体育项目，如田径、球类、拳击等，它们都具有很强的竞争性特点。西方体育运动激发人的勤奋、进取精神，提倡采用各种技术、战术以及优越体能来战胜对手，这也造就了现代西方人的竞争意识。西方体育最大的属性是群体性，大多数项目是在集体协作的情况下完成的，由此极大地满足了人际交往的需要，为人们提供了交流的机会和条件。

总之，中西方体育文化是在不同的历史、文化背景下形成和发展起来的。虽然两者之间存在着巨大的差异，但各自有着突出的特点和价值功效，并不能确定其本身的优劣。随着社会的不断发展以及国际交流的日益频繁，人们对不同民族和地区的体育文化认识也将越来越深刻。中西方体育文化必然在各自的发展轨道上继续前进，取长补短，共同繁荣。

第三节　奥林匹克文化

奥林匹克运动不仅是当今世界规模最大、影响最广、层次最高的国际体育竞技活动，而且也是当今世界规模宏大的国际社会文化活动。奥林匹克文化是体育运动与文化和教育相融合的产物，是奥林匹克运动的灵魂和支柱，它所蕴涵的丰富内涵和重要价值，是人类宝贵的精神财富。

一、奥林匹克运动的起源与复兴

（一）古代奥林匹克运动

起源的传说：“珀罗普斯娶亲说”是在古希腊传播最广、作品中也一再提到的神话之一。相传珀罗普斯看上了厄利斯国王俄诺玛斯的一个貌若天仙的女儿希波达弥亚，然而，要娶希波达弥亚为妻并不那么容易。因为俄诺玛斯曾经得到一个神谕：如果他的女儿找到一个如意郎君，并同他结婚，那么国王自己就会死去。因此，国王尽力阻止前来求婚的人，把所有求婚者都视为自己的死敌。然而，女儿总是要出嫁的，不可能总是把她关在皇宫里。于是，国王向全国发出布告：凡是愿意和希波达弥亚结婚的人，都必须先和他进行一场马车比赛，如果他获胜，求婚者要被处死。比赛的起点是庇塞，终点是科任托斯海峡附近的波塞冬神庙。国王还允许求婚者乘着四匹马拉的战车先出发，自己先向宙斯献祭，等仪式完毕后，他再投入比赛。如果他追上先前出发的求婚者，就有权用长矛刺穿对方的胸脯。那些爱慕希波达弥亚的年轻人听到这些条件，都充满了信心，于是，年轻而英俊的小伙子们一个接一个来到厄利斯，向国王的女儿求婚。国王很有礼貌地逐个接待这些年轻人，给他们四匹漂亮健壮的战马，而他自己则从容不迫，宰杀羔羊，献祭给宙斯，然后才乘上他的那辆由两匹母马拉的轻型战马车，追赶上去。但谁也想不到，这两匹马拉的战车奔跑得比风还快，每一次都是离目的地还有很远，国王就追上求婚者，并用长矛刺杀了他们。就这样，一连 13 个高贵而勇敢的年轻人都死在了国王的长矛下。珀罗普斯在路上听到了在厄利斯所发生的事情，不过，他并没有被吓退。这天晚上，他来到海岸边，呼唤他的保护神波塞冬，希望得到海神的帮助。结果一架战车如箭一样从深海中升起，战车由四匹带翅膀的马拉着，于是，珀罗普斯驾着这辆马车，风驰电掣般来到厄利斯。国王看到珀罗普斯驾着海神波塞冬的神车，先是一阵惊慌，但是，即刻镇静下来。他仍然按照以往的规定和这个年轻人进行比赛。当珀罗普斯快要接近终点的时候，国王的马车还是追上了他，并挥舞着手中的长矛，准备给珀罗普斯以致命的一击。但是，珀罗普斯的保护神波塞冬始终在暗中关注着这次比赛，他在国王即将追上珀罗普斯时，弄断了国王的车轴，结果一个车轮突然掉了下来，马车摔得粉碎，国王也坠地而死。此时，珀罗普斯到达了终点，他回头的同时看到国王的宫殿被一道闪电击中，燃起了大火。他急忙驾车直奔宫殿，穿过滚滚的浓烟和烈火，把希波达弥亚公主救了出来。厄利斯的人民看到了珀罗普斯的胜利，便尊他为国王。几天后，在厄利斯城举行了盛大的庆典活动，其中包括许多体育竞技项目。珀罗普斯成了古希腊运动会神话中的创始人。从此以后，人们把希腊南部的半岛以他的名字命名为珀罗珀涅斯（伯罗奔尼撒）。在奥林匹亚圣地还有珀罗普斯的坟墓，据说希波达弥亚还是后来古希腊女子体育竞技会（赫拉竞技会）的创始人。

“避免瘟疫传说”也是古代奥运会起源传说之一。公元前 884 年，伊利斯发生了一场灾难性的瘟疫，居民一个接一个地死去。往日繁华、欢乐的奥林匹亚，出现了悲惨景象。恰在这时，早已觊觎奥林匹亚的斯巴达国王，乘人之危侵入伊利斯城邦。伊斐图斯严厉地警告斯巴达国王：“我什么都可以给你，唯独圣山区——奥林匹亚不能给你！假如胆敢侵犯圣山，我们就要和你决一死战。”斯巴达国王不听警告，以为一举可以攻下他们垂涎已久的奥林匹亚，悍然发动了侵略战争。可是没想到却遭到了宁死不屈的伊利斯人的顽强抵抗，斯巴达人久攻不克。在希腊其他城邦的调解下，不得不放弃了原先的打算。最后，斯巴达国王力古尔格和伊利斯国王伊斐图斯订立了《神圣条约》，条约规定奥林匹亚为定期举行庆典地，是神圣不可侵犯的和平圣地，庆典期间，任何人都不得携带武器进入奥林匹亚。《神圣条约》贯彻伊始，便被认为是古代奥运会开端之时，伊斐图斯便成了传说中的古代奥运会创始人。

历史背景：在希腊人的心目中，最美的生活就是与神的生活最接近的生活，那就是宗教祭祀节日中的活动。每当农业丰收或橄榄、葡萄熟了的时候，人们就欢聚在一起并进行祭神庆典活动。当初，这种祭神活动仅是一项隆重的礼节，用简单的舞蹈动作来表示对神的崇敬和感激。后来这种祭神活动便成为一种盛大的节日，凡遇季节变化、重要农事、军事活动、生死婚嫁等，人们都要停止劳动，举行集会。随着这种仪式的发展，便产生了祭神歌舞、体育竞技和戏剧表演等隆重的祭奠盛会。古希腊人希望与神灵同乐，用健美的舞蹈和裸体竞技以及艺术和诗歌来表达最奔放、最庄严的情感，以欢度人世间最幸福的时刻。

在古希腊，特别是最繁荣的伯里克利斯时代，每年在雅典举行的各类节日庆典活动多达 60 次。在这些庆典活动中，内容主要有隆重的祭祀仪式、史诗的朗诵弹唱、歌舞音乐以及伴有戏剧和竞技项目的表演等。这些活动常常带有竞技的特色，日益为人们所喜爱，因而逐渐形成了许多地方性的竞技赛会。据史料记载，雅典自庇西特拉图时代（公元前 6 世纪中叶）起，祭祀性的体育竞技会就已经具有了全体民众的性质。当时组织者把大批装满橄榄油的陶瓮当作节日庆典赛会的奖品，分发给参赛的优胜者。在古希腊人看来，奥林匹斯山上的诸神与希腊人的战争胜败、祸福、生死息息相关，他们希望在战争中得到诸神的全力帮助。而体育运动竞技中的胜利，正好是战争中实力较量的良好预兆。要保证能取得战争的胜利，就必须以对神灵的崇敬与祭祀来取得诸神的全力支持。这样，祭祀竞技活动便在古希腊的国土上得到了广泛的开展。

奥林匹亚竞技会：流传下来的有关文字记载，于公元前 776 年在希腊奥林匹亚地区举行的竞技赛会，即奥林匹亚竞技会，也就是现在所说的古代奥运会，是古希腊祭祀体育开始的年份，直至公元前 6 世纪，希腊祭祀体育的普及程度达到了顶点。从公元前 776 年开始，每四年在奥林匹亚村举行一次这种大型的竞技活动，届时奖给每个优胜者一顶神圣的橄榄枝花冠和一条棕榈树枝。据记载在赛会的前一天先要向宙斯举行隆重的祭祀典礼，然后才在宙斯神殿前的草地上举行比赛。最初只有赛跑一个项目，以后陆续增加了摔跤、五项竞技、拳击、赛马、赛车、掷铁饼、掷标枪、跳远等，最兴盛时期达到了 24 项。比赛地点也由宙斯神殿前移到了阿尔提斯神域外东北方向的专门体育竞技场，观众则站立在四周的坡形看台上。赛会期间，来自各个城邦的艺术家们展示自己的作品，诗人吟诵诗歌，哲学家、历史学家发表演说。而商人则借此谈买卖、定契约，使竞技赛会成了全希腊思想、文化、经济交流的大集会。古代奥运会将体育竞技与文化艺术紧密结合，也是促成其长盛不衰的一个重要原因。

（二）现代奥林匹克运动的复兴

19 世纪后半叶，随着自由资本主义向垄断资本主义的过渡和世界市场的形成，民族间的壁垒被打破，体育也超越了国界，出现了国际的体育交流和比赛，形成了体育国际化趋势，一些国际的单项体育组织相继诞生。如 1881 年第一个国际单项体育组织——国际体操联合会成立，1892 年国际赛艇联合会和滑冰联盟也相继成立。在国际单项体育竞赛蓬勃开展的基础上，人们又迫切要求组织世界上规模最大的综合性运动会，同时也需要成立一个能够协调各单项体育活动的大型国际体育组织。

自 19 世纪初期开始，欧美一些国家相继为复兴奥运会进行了各种努力与尝试。法国教育家顾拜旦是公认的奥林匹克运动的创始人，他为现代奥林匹克运动的产生做出了卓越贡献。1863 年，顾拜旦出生在法国巴黎的一个古老的贵族家庭。他在中学时代对古希腊历史产生了浓厚的兴趣，在英国留学期间，对英国学校的体育课、课外体育活动和郊游十分喜欢。在古希腊文化的熏陶和当时先进的英国资产阶级教育的影响下，他逐渐萌发了改革法国教育制度和倡导体育的思想。

1888 年，顾拜旦就任法国“学校教育、体育训练筹备委员会”秘书长。1889 年他代表法国参加了在美国波士顿举行的“国际体育训练大会”，进一步了解世界体育的动态。他认为，近代体育的发展正在走向国际化，应该借助古希腊体育的经验和传统影响，来推进国际体育，于是，产生了复兴奥林匹克运动会的想法。为了使这一想法得到实现，他做了大量的准备工作。

1892 年，顾拜旦遍访欧洲，宣传奥林匹克理想。同年 11 月 25 日在庆祝法国“体育运动协会联合会”成立 3 周年大会上，他发表了著名的演说，第一次公开和正式地提出了创办现代奥林匹克运动会的倡议。在演说中，顾拜旦阐明：现代奥林匹克运动会应该像古代奥林匹克运动会那样，以团结、和平和友谊为宗旨，但应该比古代奥林匹克运动会有所发展和有所创新，它应该向一切国家、一切地区和一切民族开放，并在世界各地轮流举办。顾拜旦的倡议使现代奥林匹克运动会从一开始就冲破了民族和国家的界限，具有突出的国际性。

1894 年 6 月 16 日—24 日“国际体育运动代表大会”在巴黎索邦神学院举行，到会的正式代表 79 人，他们是来自美国、英国、沙皇俄国、瑞士、西班牙、意大利、比利时、荷兰和希腊等 12 个国家的 49 个体育组织的代表。会议期间，又先后有 21 个国家致函，向大会表示了支持和祝贺。顾拜旦的精心设计和主持，唤起了与会者对古代奥运会的神往，与会代表一致同意他的主张，决定复兴奥林匹克运动会，并通过了《复兴奥运会》的决议。6 月 23 日，大会通过了成立国际奥委会的决议，顾拜旦从 79 名正式代表中挑选出 15 人担任第 1 届国际奥林匹克委员会委员。大会商定通过于 1896 年在雅典举办第 1 届现代奥运会，并规定每 4 年举行一次奥运会，还规定了奥运会的比赛项目为田径、水上运动、游泳、划船、帆船、击剑、摔跤、拳击、马术、射击、体操、球类运动等。会上还确定了第 2 届奥运会于 1900 年在巴黎举行等事宜。由于首届奥运会将于1896年在希腊首都雅典举行，因此，希腊委员维凯拉斯当选国际奥委会第1任主席，顾拜旦为秘书长。顾拜旦还亲自起草了国际奥委会的第一部宪章，这个宪章体现了古代奥林匹克运动的传统精神和现代奥林匹克的创新精神，提高了体育在教育事业和现代文明社会中的地位。

二、奥林匹克标志

（一）奥林匹克五环标志

在1914年庆祝国际奥委会成立20周年纪念大会上，顾拜旦向大家展示了他自己设计的五环标志和一面印着五环标志的旗帜，并建议将五环作为奥林匹克运动的标志。顾拜旦解释了他对奥林匹克标志的设计思想："五环——蓝、黄、绿、红和黑环，象征世界上承认奥林匹克运动，并准备参加奥林匹克竞赛的五大洲，第六种颜色白色——旗帜的底色，意指所有国家都毫无例外地能在自己的旗帜下参加比赛。"所以，作为奥运会的象征，相互环扣在一起的五个圆环，就体现出了顾拜旦提出的可以吸收殖民地民族参加奥运会，为各民族间的和平事业服务的思想。在这届会议上，五环被确定为奥运会的标志。

自1920年第7届安特卫普奥运会开始，五环的蓝、黄、黑、绿和红色开始成为五大洲的象征，分别代表欧洲、亚洲、非洲、澳洲和美洲。随着时间的推移和奥林匹克运动的发展变化，对奥林匹克标志的阐释也出现了变化。根据1991年最新版的《奥林匹克宪章》对"奥林匹克标志"词条的补充解释，奥林匹克旗和五环的含义不仅象征五大洲的团结，而且强调所有参赛运动员应该以公正、坦诚的运动员精神在比赛场上相见。

《奥林匹克宪章》规定，奥林匹克标志是奥林匹克运动的象征，是国际奥委会的专用标志，未经国际奥委会许可，任何团体或个人不得将其用于广告或其他商业性活动。国际奥委会还要求各国采取必要的措施，保护奥林匹克标志，以确保奥林匹克运动的权威性，避免奥林匹克标志被滥用。

（二）奥林匹克旗

奥林匹克旗以象征着纯洁的白色为底，长3米，宽2米，中间是五色的奥林匹克五环标志图案。奥林匹克旗是根据顾拜旦的建议制作的，并于1914年为纪念现代奥林匹克运动诞生20周年，在在巴黎举行的第6届奥林匹克代表大会上首次使用。1920年比利时国家奥委会向国际奥委会赠送了一面同样的旗，这面旗就成为国际奥委会的正式会旗，并在1920年第7届安特卫普夏季奥运会开幕式上升起。此后历届奥运会都举行会旗交接仪式，但使用的是一件代用品，其图案与原会旗一样，只是规格要大一些。冬季奥运会会旗是 1952 年由挪威奥斯陆市赠送的，交接和使用方法与夏奥会相同。

（三）奥林匹克格言

奥林匹克格言是“更快、更高、更强”。这一格言是顾拜旦的好友、巴黎阿奎埃尔修道院院长迪东在他学生举行的一次户外运动会上，鼓励学生们时说过的一句话，他说：“在这里，你们的口号是更快、更高、更强”。顾拜旦借用了好朋友的这句话，把它用于奥林匹克运动。1920 年国际奥委会把这句话正式确认为奥林匹克格言，在安特卫普奥运会上第一次使用。从那以后，奥林匹克格言的拉丁语版本“Citius，Altius，Fortius”出现在国际奥委会的各种出版物上。奥林匹克格言充分表达了奥林匹克运动所倡导的不断进取、永不满足的奋斗精神。虽然只有短短的 6 个字，但其含义非常丰富，它不仅表示在竞技运动中要不畏强手，敢于拼搏，敢于胜利，而且鼓励人们在自己的生活和工作中不甘于平庸，要朝气蓬勃，永远进取，超越自我，将自己的潜能发挥到极限。

（四）奥林匹克会歌

奥林匹克会歌早在 1896 年第 1 届奥运会开幕以后就诞生了，这首歌由希腊著名音乐家斯皮罗斯·萨马拉斯作曲，抒情诗人科斯蒂·帕拉马斯作词，并且由斯皮罗斯·萨马拉斯指挥几百个人第一次演唱了它。不过，在第 1 届奥运会上并没有把这首名为《奥林匹克颂》的歌曲确定为奥运会会歌。直到 1958 年，国际奥委会才把《奥林匹克颂》确定为奥林匹克会歌。从那以后，在每届奥运会的开幕式和闭幕式上，都能听到那首悠扬的古希腊歌曲。

除了奥林匹克会歌之外，每届奥运会上东道主国家还会创作一些奥运会的主题歌，比如 1984 年洛杉矶奥运会上演唱的《欢乐通宵》，1988 年汉城奥运会上演唱的《手拉手》，1996 年亚特兰大奥运会上演唱的《登峰造极》，还有 2000 年悉尼奥运会上演唱的《圣火》以及 2004 年雅典奥运会上演唱的《薪火相传》，这些歌曲也给人们留下了深刻的印象。

（五）奥林匹克会徽

每届奥运会都有不同的会徽，但所有会徽都要有五环图案，然后再衬之以反映东道主特点或民族风俗的图案。奥运会会徽又称奥运会会标，现代奥运会（包括冬季奥运会）的每一届组委会都会为所举办的奥运会设计一种独特的会徽。奥运会会徽是奥运会最有权威性的形象标志。根据《奥林匹克宪章》规定，各主办国设计的会徽，未经奥运会组委会同意，不得用于广告和商业服务。这一规定保证了奥运会会徽的严肃性和权威性。

2008 年北京奥运会的会徽是“中国印 · 舞动的北京”。会徽设计将中国特色、北京特点和奥林匹克运动元素巧妙结合，将印章作为主体表现形式，将中国传统的印章和书法等艺术形式与运动特征结合起来，经过艺术手法夸张变形，巧妙地幻化成一个向前奔跑、舞动着迎接胜利的运动人形。人的造型同时形似现代“京”字的神韵，蕴含着浓重的中国韵味。该作品传达了以下四方面含义。①中国文化。印章早在四五千年前就已在中国出现，是渊源深远的中国传统文化艺术形式，并且至今仍是一种广泛使用的社会诚信表现形式，寓意北京将实现“举办历史上最出色的一届奥运会”的庄严承诺。②红色。选用中国传统喜庆颜色———色作为主体图案基准颜色。红色历来被认为是中国的代表性颜色，还是国旗的颜色，因此，具有代表国家、代表喜庆、代表传统文化的特点。③北京欢迎您。作品形象地表达出北京张开双臂欢迎世界各地人民的姿态，传递出奥林匹克的理念和精神。④冲刺极限，创造辉煌。现代奥林匹克运动一直强调以运动员为核心，会徽“中国印 · 舞动的北京”正体现了这一原则。印章中的运动人形刚柔并济，形象友善，在蕴含中国文化的同时，充满了动感。

会徽作品“中国印 · 舞动的北京”的字体采用了中国毛笔字汉代竹简的风格，将汉简中的笔画和韵味有机地融入“BEIJING2008”字体之中，自然、简洁、流畅，与会徽图形和奥运五环浑然融为一体。

（六）奥林匹克吉祥物

冬季奥运会的吉祥物设计，始于 1968 年第 10 届格勒诺布尔冬奥会，是一个半人半物的卡通型小雪人，称为雪士。

夏季奥运会的吉祥物设计，始于 1972 年的慕尼黑奥运会，是一个装饰性德国纯种小猎狗，称为瓦尔迪。1976 年蒙特利尔奥运会，是一个海狸形象，称为亚米克。1980 年莫斯科奥运会，是一个熊的形象，称为米莎。1984 年洛杉矶奥运会，是一个鹰的形象，称为山姆。1988 年汉城奥运会，是一个虎的形象，称为虎多里。1992 年巴塞罗那奥运会，是一个抽象卡通牧羊狗形象，称为科比。1996 年亚特兰大奥运会，是电脑设计的一个“怪物”，最初名字叫“它是什么？”，后来组委会采用了 32 位儿童的建议，定名为伊奇。2000 年悉尼奥运会，是三种动物形象即鸭嘴兽、针鼹猬、笑翠鸟，分别取名为悉德、米莉、澳利。2004 年雅典奥运会，是两个玩偶娃娃，雅典娜和费沃斯。

2008 年北京奥运会，是五个福娃，“贝贝”“晶晶”“欢欢”“迎迎”和

“妮妮”，把五个福娃的名字连在一起就是“北京欢迎你”。他们的造型分别融入了鱼、大熊猫、奥林匹克圣火、藏羚羊和燕子的形象。

贝贝传递的祝福是繁荣。在中国传统文化艺术中，“鱼”和“水”的图案是繁荣与收获的象征，人们用“鲤鱼跳龙门”寓意事业有成和梦想的实现，“鱼”还有吉庆有余、年年有余的蕴涵。贝贝的头部纹饰使用了中国新石器时代的鱼纹图案。贝贝温柔纯洁，是水上运动的高手，和奥林匹克五环中的蓝环相互辉映。

晶晶是一只憨态可掬的大熊猫，无论走到哪里都会带给人们欢乐。作为中国国宝，大熊猫深得世界人民的喜爱。晶晶来自广袤的森林，象征着人与自然的和谐共存。他的头部纹饰源自宋瓷上的莲花瓣造型。晶晶憨厚乐观，充满力量，代表奥林匹克五环中黑色的一环。欢欢是福娃中的大哥。他是一个火娃，象征奥林匹克圣火。欢欢是运动激情的化身，他将激情散播世界，传递更快、更高、更强的奥林匹克精神。他所到之处，洋溢着北京 2008 对世界的热情。欢欢的头部纹饰源自敦煌壁画中火焰的纹样。他性格外向奔放，熟悉各项球类运动，代表奥林匹克五环中红色的一环。

迎迎是一只机敏灵活、驰骋如飞的藏羚羊，他来自中国辽阔的西部大地，将健康的美好祝福传向世界。迎迎是青藏高原特有的保护动物藏羚羊，是绿色奥运的展现。迎迎的头部纹饰融入了青藏高原和新疆等西部地区的装饰风格。他身手敏捷，是田径好手，代表奥林匹克五环中黄色的一环。

妮妮来自天空，是一只展翅飞翔的燕子，其造型创意来自北京传统的沙燕风筝。“燕”还代表燕京（古代北京的称谓）。妮妮把春天和喜悦带给人们，飞过之处播撒“祝您好运”的美好祝福。天真无邪、欢快矫捷的妮妮在体操比赛中闪亮登场，她代表奥林匹克五环中绿色的一环。

（七）奥林匹克口号

奥运会口号是奥运会理念的高度概括和集中体现，往往具有很强的亲和力和震撼力，很容易被不同背景的人们所接受、记忆和传诵。自从 1896 年雅典奥运会上提出了“更快、更高、更强”的响亮口号之后，奥运会上的口号就成了奥林匹克的重要组成部分。

1968 年墨西哥奥运会提出：“全世界青年们相互了解、增进团结。”1972 年慕尼黑奥运会提出：“光明、清新、慷慨。”1984 年洛杉矶奥运会提出：“加入我们。”1988 年汉城奥运会提出：“人类和谐。”1992 年巴塞罗那奥运会提出：“永远的朋友。”1996 年亚特兰大奥运会提出：“和谐、光辉、优雅。”2000

年悉尼奥运会提出：“分享奥林匹克精神。”2002 年盐湖城冬季奥运会提出：“点燃心中圣火。”2004 年雅典奥运会提出：“欢迎回家。”2008 年北京奥运会提出：“同一个世界，同一个梦想。”

三、奥林匹克文化的特征与内涵

（一）奥林匹克文化的特征

1. 象征性

顾拜旦说：“奥林匹克运动是一个伟大的象征。”奥林匹克运动所主张的和谐发展的生活哲学，所倡导的团结、友谊、进步的精神，所规定的公正、平等竞争原则，所形成的各项仪式规范，等等，都物化成了一系列独特而鲜明的艺术形式，如奥林匹克旗、吉祥物、会徽等。这些物化的艺术形式充分表达了奥林匹克丰富的文化内涵，成为人类文明的标志。

2. 多元性

现代奥林匹克运动倡导平等、尊重、公平竞争，反对一切形式的歧视，强调“参加比取胜更重要”的普遍性原则。奥林匹克运动的普遍性带来了文化上的多元性，正如前国际奥委会副主席何振梁先生所说：从一百多年奥林匹克运动的历史看，它之所以成功，原因之一是它对多种文化的兼容和尊重。这个明智的政策不仅确定了奥林匹克运动的多文化性，也使它更具吸引力和凝聚力。可以毫不夸张地说，多文化性正是奥林匹克运动的财富和力量所在。

3. 观赏性

奥林匹克运动会是人体展示的最高形式，运动员最大限度地挖掘自身的潜力，向生命的极限发出挑战，创造出一种在努力奋进中求得欢乐幸福的形象。奥林匹克运动所营造的情感气氛、审美意境，及其所构成的多姿多彩的文化景观，具有极大的观赏性，各类文化艺术形式吸引着数十亿观众。这种观赏性提高了人的美感修养，美化了社会生活。

4. 人文性

古代奥运会已成为希腊民族文化的一部分，现代奥林匹克运动则是人文思想发展的产物，强调以人为本、人的和谐发展。长期的奥林匹克运动实践积淀了丰厚的人文精神，体现了人们对真、善、美的追求。奥林匹克文化已经形成一门科学体系，也是人文科学的一部分，它所蕴涵的人文性，具有良好的教育价值。

（二）奥林匹克文化的内涵

1. 追求和谐发展

奥林匹克运动强调体育为人的和谐发展服务，以促进建立一个维护人的尊严的和平社会；提出健康的身体是健康生活的基础，健全的灵魂寓于健全的体魄，应当注重体魄锻炼与文化素质相结合；倡导增强体质、意志和精神并使之全面均衡发展，竞技优胜者不仅要技艺高强、体魄健美，而且要道德高尚、知识丰富。

奥林匹克运动作为培养人的一片沃土，是对人进行全面教育的过程。通过体育活动磨炼意志，增强体质，发展和提高思维能力，塑造完善的人格。顾拜旦说："体育是增强民族体质、矫正畸形身躯的最直接的途径，是培养荣誉心和公正无私精神的理想手段。"他的《体育颂》高度颂扬了体育的作用，鼓励人们积极投身到体育运动中，不仅拥有健康的体魄，而且拥有良好的素质，成为高尚、公正、坚强、聪明、健美的人。

2. 促进团结友谊

奥林匹克运动的最高目标是要通过体育活动的手段，把世界不同国度、不同种族、不同语言、不同宗教信仰的人们凝聚到一起，使大家相互交往，增进了解和友谊，进而为建立一个维护人的尊严与更美好的世界做贡献。古代奥运会以橄榄枝为最高奖品，象征吉祥、友谊与和平。它制定了神圣休战条约，保证奥运会神圣不可侵犯。古代奥运会对制止战争、维护和平起了重要作用。现代奥运会继承这一传统，强调国家民族平等，维护人的尊严，倡导多元文化，彼此兼容，和平相处。

团结友谊是人类生存与发展的基本准则，现代奥林匹克运动反映了人类这一最强烈的愿望，从而使它具有广泛的号召性和强大的生命力。奥林匹克标志由五环组成，五环的颜色规定为蓝、黄、黑、绿、红，并从左到右互相套接，代表五大洲的团结和全世界的运动员在奥林匹克运动会上欢聚一堂。现代奥林匹克运动试图筑起沟通各国人民之间联系的桥梁，是连接各国人民的纽带，增进不同民族、不同文化的人们之间的互相了解，促进世界和平，减少战争威胁，因而它成为世界和平事业的一个重要组成部分。

3. 体现公平竞争

奥林匹克是一种以竞技体育为主要活动内容的体育运动。竞争是竞技体育的突出特点，它具有激烈的对抗性和鲜明的娱乐性。在比赛中，运动员之间通过剧烈的身体接触和对抗，分出胜负，既锻炼了自己的身体，磨炼了意志品质，也为观赛者提供了健康的娱乐享受。竞争是推动人类社会进步的基本手段之一，在竞争中可以抒发雄心壮志，增长聪明才智。参加竞赛活动，就必须树立起敢争高低的竞争意识，勇于向世界强手和世界先进水平挑战，不断超越自己，超越他人，超越世界最高纪录，这是人类前进的动力。

奥林匹克倡导的竞争是以公平的道德标准为前提的，强调“体育就是荣誉，但荣誉公正无私”。这是对人的尊严的维护，也是实现奥林匹克宗旨的保证。古希腊公平竞争的范围仅指希腊血统的男性公民，占人口一半的妇女和人数上大大超过公民的奴隶及异邦人则与此无缘，而现代奥运会则对全世界所有人开放，运动员处于完全平等的条件下，遵守规则，凭借自身的能力，光明磊落地进行比赛，这是真正的公平竞争。这种公平竞争原则表现为，在由组织者统一提供的具备同一条件的场地内，在完全对等的比赛规则之下，在裁判者的公平执法尺度下，竞赛者完全凭借自己强健的身体、机敏的头脑、良好的反应力及控制力去战胜对手，获取胜利。只有在这种公平规则的基础上，体育运动才富有独特的魅力，竞赛的胜负才有真正的意义。

4. 强调奋力拼搏

奥林匹克运动倡导从奋斗中求得幸福的人生态度，倡导最大限度地挖掘自身的潜力，向自身体能、生命的极限挑战，勇敢竞争、奋力拼搏是实现生命价值的真谛。赛场上的奋斗是人类奋斗的缩影，拼搏的艰辛、竞争的激烈，不仅对场上运动员有直接刺激，而且对场下众多的观众，尤其是青少年有着更深远的教育意义。奥运会的格言是“更快、更高、更强”，它的含义表达了奥林匹克运动不断进取、永不满足的奋斗精神和不畏艰险、勇攀高峰的大无畏精神。奥运金牌是由一首首拼搏之歌铸就而成的，它凝聚着运动员和教练员无数的心血和汗水，更反映了对人类崇高理想、品质、意志和能力的不懈追求。

5. 提倡重在参与

奥运会的名言是“参加比取胜更重要”。体育不仅仅是技术与体能的较量，更是精神、斗志和气势的较量，因此过程比结局更重要。奥运会为每名参加者提供了夺取金牌的机会，但金牌只青睐于那些永不放弃一切机会与希望的顽强追求者，这是夺取胜利的思想内涵，是体育的精髓。在体育比赛中，冠军只有一个，要努力去争、去拼，这是每个参赛者应有的追求。有的运动员明知可能拿不到冠军，甚至连铜牌都拿不了，但他们不甘失败，而是在尽力去争、去拼，这种精神尤其值得鼓励和倡导。

奥林匹克文化的内涵丰富，蕴含在整个奥林匹克运动各种活动的全部过程中，集中体现为和谐发展、团结友谊、公平竞争、奋力拼搏、重在参与等方面。和谐发展、团结友谊体现着奥林匹克运动的宗旨和目的，公平竞争、重在参与体现奥林匹克运动的法制原则和行为规范，奋力拼搏则体现了奥林匹克运动的进取精神和思想境界。这些都是人类的精神财富，是人类对真、善、美的追求，是人类崇高理想的体现。这也正是奥林匹克文化对世界发展产生积极影响的原因所在。

第四节　体育非物质文化遗产的价值与保护

一、体育非物质文化遗产基本内容

（一）体育非物质文化遗产定义

所谓的体育非物质文化遗产，它是我国非物质文化遗产的一个重要的组成部分，是那些被某群体或个人当作文化财富的具有教育、游戏和竞技特点的运动技能与技艺，以及在实施这些技艺与技能的过程中所使用的各种器械、相关实物和空间场所。它是人类在文化生活中创作出来的传统体育文化资源，有运动竞赛程序、器械制作等活动内容，还有与各民族的社会特征、经济生活、宗教仪式、风俗习惯息息相关的传统文化现象，是一种“活态人文遗产”。因此，保护民族传统体育文化发展的文化背景和生存形态，使其免受现代经济、科技及文化的异化和同化，摆正体育非物质文化遗产的位置，设立和制定传承保护体育非物质文化遗产的机制和措施，的确是保护体育非物质文化遗产的重要问题。

（二）体育非物质文化遗产的现状

我国的体育非物质文化遗产面临着严重的危机，许多传统体育项目，具有民族特色的技艺不断消失，发掘与保护困难重重。随着现代社会的发展，人们的生活方式发生了巨大转变，发达的交通工具、先进的电子产品等与人们的生活息息相关，人们每天的生活离不开手机和电脑，人们更注重的是享受生活。传统的体育与时代格格不入，许多技艺的传承人也被现实社会同化，面临传承人断代的危机。现代体育对体育非物质文化遗产保护具有较大的冲击，现代的人们更多地关注新兴的体育项目，如篮、排、足、乒、羽、网等比较热门的体育项目，忽视了传统体育项目的学习。体育非物质文化遗产保护与商业利益存在矛盾，在相同的条件下，现代的人们更看重经济利益。体育非物质文化遗产的传承人严重缺乏，好多传承人迫于生计，放弃了自己父辈遗留下来的技能。民族地区保护的意识淡薄，大都重视申报和开发，开发后的保护管理得不到足够的重视，没有延续性，开发后如何长时间地保护又是一项难题。

（三）保护体育非物质文化遗产的价值

体育非物质文化遗产是历史发展的见证，是一个民族文化发展的历程，是不同历史时期人们发明创造出来，并被广泛运用的运动艺术和技能，经研究表明它具有以下价值。

1. 历史价值

体育非物质文化遗产展现出了不同历史时期民族文化发展的历程，见证了历史的发展。

2. 体育价值

体育非物质文化遗产中的很多传统体育项目广泛被现代人们喜爱，具有健身休闲的功能，能达到锻炼身体的目的。

3. 文化价值

体育非物质文化遗产是中华民族文化的子文化，与历史事件、阶段、人物紧密相关，是历史发展的证物，对研究历史有着重要的价值。

4. 教育价值

体育非物质文化遗产蕴含了丰富的历史文化知识和科学知识，有大量独特的艺术技能，具有重要的教育价值。

5. 经济价值

体育非物质文化遗产中的少数民族项目吸引着越来越多的游客，是旅游产业的重要支柱，能促进地方经济的发展，具有重要的经济价值。

6. 养生价值

体育非物质文化遗产中的传统类体育养生项目，具有延年益寿、增进健康的价值。

二、体育非物质文化遗产特性分析

体育非物质文化遗产是非物质文化遗产的一部分，也是非物质文化遗产的重要内容，非物质文化遗产的相关特征同样隐含于体育非物质文化遗产之中，总体归纳如下。

（一）活态性

体育非物质文化遗产的活态性主要体现在3个方面：主体参与、表现形式、内容内涵。从主体参与的角度看，体育非物质文化遗产的文化精髓主要体现在特定民族或特定群体的出色艺人或传人身上，它的传承保护离不开传承主体的实际参与。从表现形式的角度看，体育非物质文化遗产已经融入现代文明，并与当代文化相互促进。从内容内涵角度看，体育非物质文化遗产的创造或传承都体现着这个民族或者群体的民族文化和民族精神，并积极表达了该民族的理想信念。

（二）民俗性

非物质文化遗产在特定的社会群众中创生，是不同民族、群体的一个重要的精神文化，体现着当地民众的生产、生活以及理想和精神追求。体育在非物质文化遗产名录中的归类有3种：传统体育、游艺与杂技。其中游艺是民俗活动的一种，分为一般游艺和民俗类游艺，一般游艺如达瓦孜、相扑、踢毽子等，民俗游艺类如登高、龙舟竞渡、舞龙灯、划龙船等。它们都是不同主体在特殊地域、文化背景下创生而成的体育传统文化，是被这部分的民族群体传承和发展的民俗文化。

（三）生活性

体育非物质文化活动是民众生活不可分离的重要组成部分。一方面，民众行为规范和生活制度都能够在体育非物质文化中得到体现和展示。古代体育存在的形式种类繁多，民族群体活动中祖先祭祀、游戏娱乐、锻炼养生都少不了体育文化的参与，它们是民族生活方式的载体，传承的是各个民族日常生活或特定时节的行为规范。另一方面，中国体育非物质文化活动非常重视人与自然的融入关系，以及内在感受、内心修为，追求的是身心的和谐发展。如体育非物质文化遗产中太极拳、导引、气功等，因其有静逸、中和、稳定、典雅的基本特点，深受广大人民群众的喜爱。

（四）生态性

任何一种体育非物质文化遗产，其创生与传承都与其创生主体的民族特性相关。因为原创因素的差异，体育非物质文化遗产根据这些文化和地域因素在表达外形上也不尽相同。如武当功夫、少林功夫之别，南狮、北狮之分。这里所说的环境，实际上是民族居民生活的生态系统。它是以民族、社区的居民为主体，以自然、人文环境为背景而形成的历史、经济、文化共同体，构成了体育非物质文化赖以生存的生态系统。

（五）群体性

人是社会性的，体非遗使群居在一起的人有了规范的行为和理想信念，使这个群体的关系更加紧密、更加和谐，是加强他们凝聚力的载体。不管你的年龄、性格、价值理念、政治态度如何，无论你的个人经历、生活环境是怎样的，它总会无形地把你同一定群体、一定民族紧密联系在一起，构成一个民族每一个成员的文化共同体，是民族成员都有的共同特征和精神家园。

三、保护体育非物质文化遗产的本质及原则

（一）体育非物质文化遗产保护的本质

在经济全球化和科技日益发达的今天，为了保护和弘扬文化的多样性、凝聚力和继承性，国人必须加强保护和传承的意识。但是所属地的政府保护非物质文化遗产，主要是把非物质文化遗产作为文化资源和产业去开发，以促进所属地经济的发展，而缺乏对文化的传承和保护。然而非物质文化遗产的“保护”与“抢救”都需资金后盾，筹措并合理分配规划资金是第一要务。非物质文化遗产要保护的对象是什么？乌内安说过：“我们需要了解的不是唱歌跳舞本身，而是唱歌跳舞背后老百姓的生活状态和他们的生活需求。”而随着时代的变迁，各种非物质文化的文化背景、生态空间都在不断地发生变化，它们只能孤立地、片面地被保存和记录。非物质文化遗产的载体是人，是那些承载着民族传统“记忆”与“技艺”的人。而人会在自然规律下生老病死，慢慢消亡。倘若不在他们消逝之前将“记忆”和“技艺”保存和传承下来，那么多年之后，许多人类祖先生活的珍贵图景和心灵镜像将永远是一团迷雾。因此其本质就是保护物质文化遗产的技艺与传承物质文化遗产。

（二）体育非物质文化遗产保护的原则

《保护公约》中说，保护就是“指采取措施，保护非物质文化遗产的生命

力，包括这种遗产各个方面的确立、立档、研究、保护、宣传、传承和振兴”。为实现更好地保护，必须注意5大原则：生命原则、创新原则、整体原则、人本原则、教育原则。

1. 生命原则

体育非物质文化遗产具有生命的存在感，都有着自己的基因、结构、能量和生命链，因此我们保护体育非物质文化遗产必须遵循生命的原则。而要使体育非物质文化遗产更加具有生命力，首先必须通过调研，探寻出它创作之初的精神灵魂，从其实质上对其进行准确理解并进行有效的传承和保护。如果舍弃了对体育非物质文化遗产精神灵魂的发掘和保护，也就相当于从根本上肢解了它的生命体，不能达到抢救与保护的目的。

2. 创新原则

非物质文化遗产作为一种生命存在，受自然、社会、历史等因素影响其发展会向正负两个方向进行演变。负向演变会改变非物质文化的外在形式或精神内涵，在传承过程中容易导致变形，如目前在市场经济大环境下演变出的伪民俗。其正向演变是为了适应新的环境，秉持精神内涵进行自我创新。虽然表现形式有区别，其精神灵魂却依然没有改变，而且还在持续发展。所以保护体非遗必须遵循创新的原则。这种积极创新，可以促使保护的对象因时而变，推陈出新、革故鼎新。因此，保持非遗的生命力，最关键的是保护和激发它的创新能力。这样，保护才具有本质性的意义。对任何生命来说都需要不断发展和自我创新，体非遗更是如此。

3. 整体原则

保护体育非物质文化遗产要遵守整体原则。所谓整体原则，它有两重含义。一是生态整体。这是由的生态性特征决定的，必须把它自身和生存的外部环境及附属形式共同加以保护。二是文化整体。具有深厚历史文化的民族所创造的非物质文化，是丰富多彩的，尽管在外形、内涵、意义上有区别，但它们都充分表达了该民族的精神情感，其本质是一致的，是同源共生的文化共同体。我们所要保护的体育非物质文化遗产，正是这样一个文化整体。

4. 人本原则

在非物质文化遗产的保护和抢救过程中，不可避免地会发生利益矛盾，这时要采取以人为本的原则。人本原则也包含两重意思。一是必须要注重传承人的精神需求。这一特定的社会群体最看重的便是传统文化的精神需求。只有注重他们的精神需求，他们才会积极参与到保护非物质文化遗产的行动中来，找到有效保护和弘扬非物质文化遗产的途径，争取在困境中寻求两全。因为他们是最知道保护对象的饥饿冷暖和发展需求的。二是必须关注和尊重人的现实需求。因为追求经济发展和幸福生活是人类正常合理的要求。在保护的前提下合理利用，满足人们物质文化的需求。

5. 教育原则

由于非物质文化遗产具有活态性、民俗性、生活性等特征，因此它的保护就不只是哪一时段、部门或一部分人的事，而是一个全社会的、经常性的事情，尤其是一代又一代人的事情，其本身对人就是一种教育，也是教育要重视的一部分，提高整个民族的保护意识，让民众切身地理解保护的重要性，明白为什么要保护以及如何保护，从而形成普遍的社会舆论，让保护行为进入人们的日常生活之中，并且代代相传。教育的另一个重要任务就是培养科研人才，使他们的理论水平、管理能力和技能得到提高。这种良性互动，有利于非物质文化遗产保护的普及、提高、科学和完善。

四、关于传承保护体育非物质文化遗产时的层次

非物质文化遗产研究中心主任齐晓光曾说："在中国，非物质文化遗产不单是一个概念问题，更多的是一个社会实践问题……在之前的 50 多年里，非物质文化遗产保护只是一个部门行为，在外面的学科发展还未做好准备的时候它已经成了一个国家行为。"正因为如此，体育方面的非物质文化遗产，在国家行为中"怎样保护"就变成了一个业内人士倍加关注的焦点问题。对此，笔者认为，可分为以下几个层次。

第一层次，在当下，我们迫切要做的事情有两件：其一是保护传承人以及技艺传承和记忆传承，并将现有的体育非物质文化遗产建档后编辑出版；其二是建立一支高素质的体育人才队伍。体育非物质文化遗产注重传承艺人的言传身教和口耳相传。因此要想保护好体育非物质文化遗产，首先必须保护好非物质文化遗产的传承人。我们可以开展传承人调查、认定、保护和命名的工作，有计划地提供资金和物质保障，把体育非物质文化遗产传承人的"活性"技艺保存下来，并结合专家、学者的观点，整理出版。比如少林功夫的保护，整理少林秘籍及保护有关壁画和碑石就是非常关键的工作。在体育专业人才队伍的建设上，我们可以筛选有潜力的发展对象，并对其进行专业化的教育和培训，使其有能力发展成为专业技艺精湛的体育非物质文化遗产保护工作者。

第二层次，即长期任务：传承、展示、传播、创新。其中最主要的任务就是传承，传承并非简单地成立一个组织或机构，组织老艺人来培训辅导，然后再由这批人进行展示、传播、创新。为了使这种传统体育文化达到全民共享的效果，真正成为民众生活的一部分或称为一种新的生活方式，就应当使体育非物质文化遗产最大范围地回归和培植，争取大多数人参与到传统体育文化的普及与传承中去。因此文化和旅游部，首先要组织、协调文化项目的代表人物，使其运用舆论帮助和支持传承艺人，打造和拓展他们生存和发展的空间，让优秀的民间体育文化在民众中迅速传播并为人们所理解和接受。保护体育非物质文化遗产，我们不仅要保障传承人的现实生活，更要满足其精神需求。其次就是创新，对体育非物质文化遗产的保护，放到一个更大的生存空间去考量，一方面通过表演、展示等手段和方式，为体育非物质文化遗产注入当代文化元素，赋予其新的生命力，扩大社会影响力，走进社会生活，融入社区，注入民族情感，这也是传承和弘扬；另一方面对体育非物质文化遗产进行适度的资本运作和市场开发，将文化资源转化为文化资本，这也是一种创新。而只有这样的发展、创新，才能更好地把这些民族体育文化留给子孙后代，民族地区的文化基因和文化脉络才能得以传承。

第三层次就是开发利用。我们谈到的开发利用，并非今天旅游经济所倡导的一种急功近利的开发利用。可以看到，在全国很多地方，发展体育旅游，开发体育旅游资源，成为许多人热心参与的一项产业。如果把它作为改善落后贫困地区人们生活水平的一种手段，倒无可争议。但是，传统的体育非物质文化同民族生活及精神世界息息相关，它是民众安身立命的根本。我们必须认真思考这个具有本质意义的问题，不能采取一种功利的做法。

开发利用的前提是保护，落脚点是教育。“文化自觉”“文化回归”要从娃娃抓起，从教育入手，提升民族的文化自觉，培育传统文化生存发展的文化土壤，为体育非物质文化遗产文化的保护找一个实践的切入点。同时，我们可以将一些优秀的体育非物质文化遗产通过创新方式融入竞技、生活之中，这未尝不是一个保护体育非物质文化遗产的好途径。而以生态保护区和文化产业园的形式进行规划、保护和发展是体育非物质文化遗产保护的新趋势和新方向，甚至可以是保护体育非物质文化遗产的一种终极途径。

只要政府职能部门多方位整合、协调、统筹安排，传承人、专家学者、民俗大众积极参与、理性挖掘，那些优秀的体非遗最终一定会为我们所熟知，发展为我们新的体育文化产业、生活方式、行为艺术，不断充实和丰富我们的现代和未来生活。

五、体育非物质文化遗产保护的问题与策略

（一）体育非物质文化遗产保护的问题

按照国际公约的规定，保护非物质文化遗产的主体有三种类型：国家、国际组织以及社群。在国内参与非物质文化遗产保护的主体主要为政府部门、文化部门、传承人和专家。由于各自的动机、地位和职能等方面存在差异，所以它们保护非物质文化遗产的立场和追求各不相同，有各自的优势与弱势。但在具体的保护工作中如何协调各方力量才能形成保护的良性发展呢？政府部门制定相关政策法规，提供资金保障；文化部门组织相关工作人员对非物质文化遗产项目开展普查，建立档案，建立数据库，培训专业队伍；专家做好理论研究，使科学理念与实际结合起来为保护非物质文化遗产发挥更大作用。

1.政府职能部门存在的问题

其一，地域限制。非物质文化遗产通常会大量地留存在一些信息比较闭塞、经济发展相对滞后的地域。因此，对于非物质文化遗产的保护，当地政府往往是心有余而力不足。许多优秀的传统文化仅仅是因为缺乏资金而丧失保护的机会而消失。其二，政府失职。一些经济发达的地区，政府假公济私，花费巨额资金将一些小的项目活生生改造成大工程，浪费了许多人力物力财力。其三，有始无终。一些地方为了申遗，积极地搜集素材，历经千辛万苦成功之后，却又放松了管理。其四，行政倾向。虽然政府在非物质文化保护工作伊始就倡导“重心下移，立足基层”，想将保护工作的重点下放到与非物质文化遗产文化息息相关的基层去，而实际情况是把保护工作下发到了基层单位中，使得非物质文化遗产保护和管理的工作出现了明显的行政化的倾向。其五，创新受限。非物质文化遗产一旦申报成功就会获得政府相关部门的资助和政治扶持，从而导致地方文化部门和基层组织习惯性听从上级的指挥而不能充分发挥自身的主观能动性，也不能以可持续发展的视角来制定相关的工作计划。另外在资金的使用上也缺乏必要的反馈和监管机制，往往促使地方政府在保护工作中“重申报，轻保护”，使地方政府的保护工作名存实亡。其六，些地方政府单纯从经济利益出发，急功近利。虽然一些非物质遗产项目经过商业包装和推广运作后可以产生一定的经济效益，但大多数非物质文化遗产项目本身的生存环境和生命力就已很脆弱，甚至到了灭亡和消失的境地，其文化价值也有待进一步挖掘和整理，在这种情况下硬要走产业化和商业化道路，无疑是把“非遗”项目推进死胡同。而且，产业化和商业化的首要目的是追求利润，这就会因为过度关

注非物质文化遗产的经济效益而忽视其本身的文化价值和精神内涵，最终沦为一种文化符号，背离了保护的初衷，失去了文化传承的意义。

2. 传承人的现实困境和实际困惑

在市场经济管理中，企业的经济预算及经济成本非常重要，二者最好能够达成一致。如果投入成本多于预算，那么会对企业之后的质量审核与监管工作造成困难。所以，要加强企业的内部监督，除了对人员管理进行监督以外，还要对企业的经济资金往来，尤其是成本预算与成本投入进行监督。

传承者和享有者处于非物质文化遗产保护的中心位置，其立场比较复杂：一方面他们对保护对象非常熟悉，对传统技艺满怀感情，希望传统文化得到传承和发展；另一方面，现实的生活困境与期待美好幸福生活的愿望发生了尖锐的冲突，传承者和享有者既想传承非物质文化遗产，同时也想改变自己现有的生存现状，他们希望能两全其美但又不知如何是好。因此他们是保护实践的重点，同时也是难点。他们所持的态度是非物质文化遗产保护工作能否成功的关键。

3. 专家学者的困惑

学术界是一个特殊的群体，专家学者们淡泊名利，地位相对超脱。他们能够从理论角度和实际操作过程思考如何更好地从根本上保护非遗文化，是保护非物质文化遗产的一股稳固力量，但同时，他们的力量很有限，仅仅只能依靠发表舆论意见、提出建议，显得脆弱而乏力。另外有许多专家，在竞争激烈的非物质文化遗产保护运动中，没有做好充分的心理和理论上的准备，便仓促行动，草率指导项目上马，盲目实施项目评审，因而无暇沉淀下来进行系统的理论研究。

可以说，所有保护非物质文化遗产的主观意见都是美好的，倘若能联手互补整合为一种最佳合力，将是非物质文化遗产的保护和传承的一种理想化的模式；但如果政府职能界定不明，角色错位，造成能源的内耗和破坏，最终，推力只会变成相互牵制的阻力，影响保护工作的进程。要想从根本上改变这种现状，就必须成立一个专门的机构。这个机构必须有独立自主的权力，不受任何权力机关的干预，但同时也接受相关政府的制约和监督，使其充分发挥自主能动性，推动非物质文化遗产保护工作持续健康发展。

（二）体育非物质文化遗产保护的策略

体育非物质文化遗产存在巨大的价值，需要合理地开发与利用，以克服保护的种种难题。第一，加大宣传的力度，让人们深入了解体育非物质文化遗产，增强保护意识；第二，重点加强区域性保护，我国幅员辽阔，民族众多，应加强对民族特色遗产的保护；第三，加大对传承人的保护和培养，给予他们更好的社会保障，让更多的人参与进来；第四，构建社区体育非物质文化遗产传承与发展体系，融入社区文化中，丰富人们的业余生活；第五，重视学校教育的传承，开设部分传统体育类养生课程；第六，开展全面普查工作；第七，建立非物质文化遗产数据库。

我国体育非物质文化遗产种类繁多，存在形式多样，是中华民族遗留下来的宝贵财富，具有重要的价值，正面临着逐渐消失的危机，人们需对此高度关注，加强保护意识。重视普查、申报和开发工作，让更多的项目得到应用，得到保护与传承。

第二章　当代大学生体育教育与文化发展

第一节　学校体育的文化发展趋向

面向未来是包括体育教育在内的整个学校教育的发展方针之一，搞清楚学校体育发展的文化趋向，对于我们面向未来搞好学校体育工作具有重要意义。

一、广义的文化教育是未来学校体育课程的性质

传统的或现有的学校体育课程的基本性质是“身体的教育”，其主要目的是增强学生体质，而未来学校体育课程的性质应该是广义的文化教育课。

（一）广义文化教育的内涵

所谓广义的文化教育课，有别于我们在一般意义上使用的“文化课”概念。广义的文化教育课中的“文化”概念是文化学意义上的大文化概念，它不局限于知识形态的文化，而是包括精神形态、制度形态和物质形态在内的作为人们思维方式、行为方式、生活方式甚至生产方式的文化。这里的“文化教育”不仅要传授一定的知识、培养必要的技能、增强学生的体质，而且要使体育作为一种思维方式、行为方式和生活方式在学校体育工作过程中逐步形成和巩固，这一过程实质上也就是校园体育文化建设的过程。这种性质定位的战略性转移是学校体育改革和发展的方向性的问题，这种可能的前景，既给学校体育提出了不可回避的挑战，它将使传统的或现有的学校体育教育观念、工作方式和评估标准发生一次革命性的变革，这种变革引起的震荡是不会在短时期内消除的；同时，它也给学校体育在新世纪的发展提供了难得的历史机遇，如果我们能抓住机遇，必将使中国学校体育在21世纪迈上一个新台阶，以崭新的面貌出现在世人面前。

（二）实现身体教育向文化教育的转变

从身体教育向文化教育的转变，给现有学校体育工作提出了新的更高的要求。从现在开始，我们就应该为学校体育课程基本性质的根本变革制造舆论、提供土壤、培植温床，在课程中有意识地强化体育精神的培养，增加体育艺术的分量，拓宽学生的体育视野，引导学生体会体育愈来愈丰厚的文化内涵。当然，这也给我们的体育教师提出了新的更高的要求，给体育师范教育提出了新的更高的要求。我们现在所能做的首先就是树立“体育文化”观念，特别是在各级各类学校的行政领导及体育教育专业技术人员中确立“体育是一种文化”的基本观念，促使他们自身增强体育文化意识，学习体育文化知识，提高体育文化素养。

二、文化活动是未来学校体育中的课外活动的真正意义

传统的或现有的学校体育中的课外活动实际上是体育课的课外延伸，其目的仍在于增强学生体质，未来学校体育中的课外活动应该成为真正意义上的文化活动，所谓真正意义上的文化活动，就是着眼于提高学生体育文化素养的活动。这种活动大体上可以分为主动参与体验式和被动接受欣赏式两种，各种类型的学校运动会则可以说是主动参与体验式与被动接受欣赏式的有机结合，因此，是学校课外体育活动的最佳方式。

（一）运动会的主动参与

主动参与体验式活动应让学生根据个人的兴趣爱好和身心状况自愿选择活动时间、地点和项目，应有更大的灵活性。为了广泛吸引学生参与，学校应创造更好的硬件设施与软件环境，使学生的广泛参与既有条件又有氛围。这就需要加大投入、盘活存量，最大限度地开发利用现有的硬件资源。同时，可根据不同地区、不同性质学校的特点，因地因时制宜，开展有地域、行业特点的特色体育活动。课外体育活动要成为真正意义上的文化活动，关键是要增加文化内涵，营造一种人人参与、个个舒心、收益多多的文化氛围。体育文化因此而应该成为校园文化建设的重头戏。在这方面，我国的学校体育工作已积累了丰富的经验，有很多成功的范例，但要完成指导思想和工作方式的转变仍需要有一个过程。

（二）运动会的被动接受

被动接受欣赏式课外体育活动近年来在各级各类学校中有了长足发展，尤

其是在寄宿制的大中专学校。由于学生集体生活的程度较高和现代传媒手段的优化，参与的人数和次数大大增加，欣赏的范围扩大了，欣赏的水平明显提高，文化熏陶作用日益增强。中国学校体育未来的文化趋势之一便是这种被动接受欣赏式活动的进一步发展。以奥运会、世界杯足球赛为代表的世界一流赛事掀起的全球性体育文化热潮击中的第一个“站点”便是大学，以大学生群体为主的青年体育追星族、发烧友成为整个社会体育文化热的“核燃料”，它向周围释放的能量是任何一个群体都无法比拟的。

三、提高学生体育文化素养是新的工作目标

传统的或现有的学校体育工作的主要目标是增强学生体质，最多也不过是增进身心健康，而中国学校体育的文化前景使我们必须确立一个新的工作目标：提高学生体育文化素养。

提高学生体育文化素养首先在于培养学生的体育意识，使学生树立正确的体育观。现代体育观的核心思想是，体育是一种文化现象、文化活动。而文化就是人化，就是人的创造特别是人的精神创造，因此，体育是一个健全人格中基础性的因素，是一个全面发展的人全面发展的题中应有之意。尤其是现代人，没有体育知识，不参与体育活动，不欣赏体育比赛，不谈论体育问题，就是一个残缺不全的人。

提高学生体育文化素养要注意培养学生的体育精神，使学生具有良好的精神状态。体育精神是一种自强不息的精神、公平竞争的精神、友好竞争的精神、发展自我超越自我的精神，是一种十分可贵的人文精神，它鼓舞人们战胜困难，向更高的目标迈进。只要人类存在一天，体育精神便存在一天。因此，通过培养学生的体育精神而提高他们的精神境界，是未来中国学校体育工作的重要内容之一。

提高学生体育文化素养还要注意传授体育人文知识，使学生具有丰富的体育文化知识。体育知识不仅仅是技术知识，还有很多属于人文社会科学的成分，国家近年把体育作为社会科学的一级学科独立出来很能说明这个问题。要提高学生的体育文化素养就必须给他们提供这方面的知识。因此，体育文化或学校体育应该成为各级各类学校的一门文化课，尤其是大学，应该顺应时代潮流率先尝试开设这类课程，使体育的文化内涵逐步被人们所认识。笔者多年致力于体育文化与学校相结合的研究不能说与这样一种文化观念的形成无关，但愿随着拙著的问世能使更多的人重视学校体育，推动校园体育文化建设活动向纵深发展。

第二节　体育文化与体育教育的关系

随着社会经济的不断发展，体育文化与体育教育的关系越来越密切。经过研究得知，体育教育在体育文化的范畴内发展，受体育文化制约；体育文化需要体育教育发挥作用；体育文化通过体育教育影响青少年。

一、体育教育在体育文化的范畴内发展，受体育文化制约

（一）体育教育是体育文化的呈现方式之一，是构成体育文化的重要内容

我国体育学者认为体育文化是一个整体，在一定的文化背景下，人类进行的体育活动具有一定的共性与统一性，决定了多种多样的体育存在方式。我们把体育文化看作一个整体，同时也可以对其进行整理归类，首先是从古至今通过传承和创作保存下来的体育价值，其次是丰富多彩的各式各样的活动，再次是人类如何进行活动的各种理论，最后是服务部门和各种体育场所和设施。总结一下，我们可以简略地分为四部分，体育传统、体育活动、体育教育、体育部门。因此，我们可以看出体育教育是体育文化的构成部分并且受到推广文化的约束。

（二）传统的体育文化对体育教育有一定影响，体育文化的多样性促进不同体育教育的发展

传统的体育文化具有展示民族体育的独有的民族精神、观念、思维等特点。我们可以把传统的体育文化的基本内容简略地分为独有的体育价值观、技能理论知识、逻辑思想、体育符号这几个方面。这些方面对体育教育思想、教学内容、教学方法都有着一定的制约。传统的体育文化在人们的继承和创新中与特有的体育价值观保持一致。这种特有的民族体育价值观制约、影响体育教育的发展。

（三）体育教育的发展受体育文化大融合的影响

在中华民族的发展过程中，所有的事物都在发生着变化，体育教育的观念、思想、价值也在时刻变化着，这表明了不同的体育文化在相互融合。

当今体育文化也在为了实现现代化而发展。关于体育文化的现代化，笔者经过简单的总结归纳，得出了三个观点：首先是如今的中国体育人要博取众家

之长，全面发展中国体育文化；其次是中国体育不反对学习世界各民族的体育文化，但是绝不允许取代的事情发生；最后是以我国体育文化为主体，适当地汲取外来体育文化精华，以便于促进我国体育文化的发展。

二、体育文化需要体育教育发挥作用

（一）体育教育是体育文化得以传承和发展的途径

体育文化无处不在，在日常生活、社会活动、日常劳动中，人们通过各种各样的体育活动进行娱乐，体育文化随时出现在人们生活中，体育文化在人们无意识的体育教育中传承。由此人们可能认为体育文化的传承不仅仅由教育来完成，但是我们应该认识到，体育教育教授的是体育文化中最为主要的运动技能、运动经验，体育教育可以使被教育者在很短的时间内获得更多的系统知识。体育文化的传承和发展离不开体育教育，体育教育向人们传递的内容高度概括了体育文化的核心内容，从而使得我们能够适应前人创造的体育文化，使得体育文化的系统性不被破坏，同时也保证了拥有民族体育风格的传统体育文化可以顺利地传承。所以，体育教育是体育文化能够不断地传承和发展的方式。体育教育的职能就是使受教育者能够更快更多更好地接受体育文化，这就需要体育教育对体育文化进行总结、归纳以及传播，从而使得体育文化得以传承。

（二）体育教育融合外来体育文化，促进本土体育文化传播

由于体育文化在传播与继承的过程中不断地积累，不断出现新的体育文化因素，这促成了体育文化的变迁，从而使得体育文化在地区与地区之间、国家与国家之间相互渗透。体育教育在不同体育文化的相互影响中，有着极其重要的地位。首先，体育教育对传播的内容归纳整理，使得体育文化最为重要的内容能够传播。其次，在体育教育过程中，可以收到各方面反馈回来的信息，以便于及时改变方法与传播内容，使得体育文化的传播具有客观性。然后，体育教育可以使用各种教育方法，尽可能地扩大传播的区域。最后，体育教育选用最合适的教育方法，使得教授者和被教授者有一个良好的关系。

三、体育文化对青少年学生教育的影响

精神文化中很重要的一部分就是体育文化，这完全可以说明体育文化和体育教育是青少年学生综合发展的重要因素。但是人们对于体育文化与体育教育对青少年的影响不太重视，尤其是对学生进行授课时，受到传统教学模式的影

响，大多数教师看重体育理论以及技能的培训，而在课堂上进行的体育文化方面的教授是少之又少。在体育界里面，有非常多的专家学者都有这样一个观点，体育是一门特殊的教育课程，需要重视理论技术，同样需要重视的还有体育文化。在学校中，教师在教授体育过程中，教学核心中要具有一定的体育文化的内容，这样能够提高体育教育的精神层面的境界和水平。

在体育文化的继承与传播过程中，体育文化与体育教育是密切相关的，体育文化的存在造就了体育教育，可以说没有体育文化就没有体育教育，体育教育的内容、意义等都是体育文化所赋予的，如果没有体育教育，体育文化的继承与传播也会成为不可能的事情。当今社会，体育文化的发展趋势是走向世界，充分显示我国的民族时代精神，所以我们在继承体育文化中取其精华去其糟粕，既要学习与传承，又不能止步不前，对有利于体育文化发展的，在体育教育过程中要充分体现出来。对体育文化与体育教育的探讨，使体育教育能够在体育文化中准确定位，从而体现出体育教育重要的价值，同时也使我国的体育文化显现中国特色，在国际体育界中占有一席之地。

第三节　当代大学生体育教育的改革目标及发展趋势

高等教育是小学教育与中学教育的延伸与深化，高等院校的体育教育对促进人才全面发展、达到素质教育目标具有重要的作用。现阶段，国内大多数高等院校并未将体育教育纳入重点教育工作中，导致高校大学生在入学初期比较重视体育运动，而在后续学习中较为忽视体育锻炼，对学生体育意识、体育技能以及运动习惯等方面的培养产生了较为不利的影响。所以，高等院校体育教育教学应当突破传统的教学模式，从创新、优化等方面实施改革，为满足当前当代大学生体育教育教学改革的要求付出努力。

一、高等院校体育教育教学的改革目标

随着社会经济发展水平逐步提升，物质财富得到极大丰富，生活节奏日益加快，人们的身心健康面临着极大的威胁，身体和心理均承受着较大的压力，根据相关调查可知，近年来，国民健康指数逐年降低，大多数民众处于亚健康状态。国内高等院校承担着培养高素质人才的责任，原有的每周一次的体育教育教学已经难以满足当前社会对大学生身体素养的要求。在过去的体育教育教学中，高校大学生将体育教育教学看成可有可无的课程，多数在体育考试中试图蒙混过关，存在侥幸心理。高校大学生未对体育课程教学的重要意义形成正

确认识，而体育教学人员也按照传统的教学方式进行教学，从整体上来看，当代大学生体育教育呈现出形式化和技能化特征，当代大学生体育教育改革刻不容缓。

素质教育、终身体育教育等理念的提出对高等院校体育教育教学提出了新的要求。并且现如今，“健康体育”已经成为高等院校体育教育教学改革的主要内容，其要求高等院校在体育教育教学实践中应当重点实现体育教育教学目标，同时，也应当重视学生的心理健康发展以及其社会适应能力的提升。提高学生体质、加强体育技能、增强学生心理素质是健康体育的主要内容。体育竞技能够增强学生的意志力、锻炼其毅力、提升其团结协作精神。而以人为本理念也对新时期的高等院校体育教育教学提出了较高的要求，要求体育教育能够充分彰显人文体育与终身体育的思想，重视学生的素质教育和体育能力。现阶段，体育已经不只是指运动场上的竞技运动，更囊括了文化思想、文明精神、发展规律以及新要求等方面。因此，当代大学生体育教育教学应当将提高学生的综合能力、促使学生全面发展作为根本目标，充分优化课程体系和全面完善教学内容，转变传统的教学模式。

与此同时，高等院校体育教育教学改革目标在具体方面，主要囊括了体育理论内容的丰富和优化、学生参与体育运动习惯的养成、学校领导以及教学人员思想意识的转变以及多元系统课程的安排等。高等院校体育教育教学应当由传统教学模式转变为多元化、立体化的教学模式，在着重促进学生提升、发展的前提下，对体育教育教学软、硬件设施进行更新，从而满足学生多样化的要求，培养学生的运动兴趣，促进其形成爱体育、爱运动的良好习惯。

二、高等院校体育教育教学未来的发展趋势

（一）加强高等院校体育教育改革意识

当前，国内高等院校仍然重视对学术成绩的考核和评价，学校领导鼓励学生参加公务员考试和研究生考试等，使得大多数高校大学生将有限的时间和精力投入到学习方面，对身体锻炼和体育运动相对忽视。所以，高等院校应当将体育教育改革作为一项长期工程，从高校领导、学科教学人员到校内学生均应当转变对体育教育教学的认识。同时，高等院校领导应当从根本上重视体育教育教学，在加强体育设施经费投入的基础上，还应当优化并完善体育课程结构，加强当代大学生体育教育软、硬件设施的建设。另外，体育教学人员应当丰富教学内容，促使当代大学生体育教育教学更加系统化、多元化，进而充分调动

学生的体育兴趣。并且学生也应当转变对体育课程的传统观念，从根本上追求综合发展和全面提升。

（二）设立多元化体育课程

对现阶段国内高等院校体育教学内容多为传统竞技项目的状况进行分析，作为提升学生综合素质和传承中华传统文化的主要途径，国内高等院校体育教育教学应当创新并完善体育课程的结构。中国历史较为悠久，文化较为丰富，各民族文化异彩纷呈。学校中的学生来自全国各地，因此，应当将加强民族传统体育项目教学作为当代大学生体育教育未来发展的主要内容。开展民族传统体育教育能够促进高校大学生得到个性化的发展，对其身心健康发展具有一定的指导作用，促使高校大学生的科学文化素质与思想道德素养得到充分提升。

（三）拓展高等院校体育教育功能

国内高等院校传统体育教育的功能只是提高学生体质。在高等院校体育教育改革工作中，应当突破这种限制，丰富、拓展当代大学生体育教育功能，促使当代大学生体育教育得到更好发展。具体来说，应当在学生个性发展方面加大培养力度，促使学生能够通过体育运动提高身体素质和陶冶情操。同时，教育改革的目标是通过转变教学人员和学生的态度达到优化教学、培养人才的效果，促使学生转变为教学的主体，提高其主人翁意识。所以，当代大学生体育教育教学应当根据学生兴趣、爱好等实际情况，增强学生自主参与体育锻炼的意识，使其养成自主锻炼身体的运动习惯，使其成为积极锻炼、终身体育理念的实践者。

（四）完善教学考核与评价

在高等院校中，过去的体育教学考核指的是为了实现教学目标、完成教学任务而采用的一种单一的教学考核方式，对高校大学生综合素质的培养工作产生了重要影响，对其具有一定的导向作用。但是，由于学生的身体素质存在一定的差异，其体质水平不同，过去的教学考核方法难以充分反映学生的身体素质。因此，在高等院校体育教育考核的改革过程中，应当构建健全、科学的教学评价体系，将学生努力程度纳入综合评价中。这种新型的教学考核方法能够兼顾培养学生体育意识与践行终身体育理念，促使高等院校体育教育改革更加科学化、规范化。

高等院校体育教育教学尽管在新时期政策与理念的指导下实施了相应的改革，已经初步适应了高校大学生全面发展的需求，满足了当前社会对全能型人才的要求。然而，现阶段的高等院校体育教育教学改革仍然存在一定的局限性，表现出浅层次、不全面等情况。在后续的体育教育教学中，高等院校应当围绕学生综合发展的需求，实时地调整体育教育教学目标与教学内容，在借鉴传统体育教育教学优秀经验的前提下，进一步深化、延伸改革工作，努力提升教学水平和教育质量，为培养出新一代大学生创造有利前提。

（五）确立体育教学新的理念

体育改革的目的在于使高校学生得到身体上的锻炼，也就是教学观念与方法应折射出现代教学的指导思想，然后根据指导思想制定相应的教学方法，但是在当下的体育教学中不难发现，教育改革还没有深入落实到实际的课堂上，现在的体育课上，还能看到以运动技巧为主的教学，老师单方面地灌输知识，这些传统的教学方式使得体育教育的改革无法起到作用，因此，根据体育教育精神和体育教育的改革，可以发现，当前的体育教育需要把握的重点是，注重学生的自主发挥以及教育的全面性，使学生把体育锻炼的重点放在身体锻炼上，教师也应该贯彻落实体育教育的改革，把重点放在让学生自主学会锻炼身体，增强体质，用“健康第一”的指导思想使得学生重新认识体育学科。除此之外，应该根据体育教育改革对体育教学的实质进行分类，其中以体育活动为主要手段，以增进学生身心健康为主要方法，从而构成全新的体育教学基本框架。

（六）考虑好体育教学与终身体育的关系

当代大学生体育改革的目的是让学生正确地认识到人体锻炼的重要性，因此，当代大学生体育教学要与终身体育联系在一起，使二者有机地结合在一起，能够真正地从学生的角度和需求出发，确立一种以满足学生的客观需求为主要目的的主动学习方式，以此来培养学生的体育爱好和兴趣，使他们养成自觉锻炼和保持健康的良好习惯。除此之外，高校生的体育锻炼不能仅仅局限于在校的锻炼，以及体育课程的达标，更应该使学生形成自主锻炼的好习惯，真正使以后的生活受益。

（七）体现体育教学的综合性

体育教学的综合性是指体育教学需要将理论教学与实际训练有机结合，使理论能够指导实践，又在实践中不断地总结经验教训得到新的理论成果。因此，体育教学只有体现了综合性才能够更好地培养学生体育锻炼的习惯，也才能够发挥学生的主观能动性。

（八）开展好课余体育活动

能否搞好课余体育活动，直接影响到学校体育的整体效益，学校要树立健康第一的指导思想，解放思想、深化改革，全面发展课余体育活动。中央 7 号文件明确指出：要确保学生每天锻炼 1 小时。没有体育课的当天，学校必须在下午课后组织学生进行 1 小时集体体育锻炼并将其列入教学计划；每天上午统一安排 25 ～ 30 分钟的大课间体育活动，认真组织学生做好广播体操、开展集体体育活动；同时，对学校运动会也需要进行改革，可以根据学校实际，做到人人有体育项目、班班有体育活动、校校有体育特色。

（九）建立良好的体育教育文化氛围

教育的真正力量，不是突出，而是渗透、弥漫，天长日久地影响，学生在不知不觉中受到潜移默化的影响，起着陶冶、引导、激励等作用。高校的体育教学工作是高校教育中非常重要的一部分，学校领导应该重视。特别是当代大学生体育教师在教学中，需要不断地补充知识，借鉴科学的方式方法，结合学生的需求，做教育的引导者，指引学生们更热情地投入到体育学习中来，培养出身心健康的学生。

第四节　大学体育文化内涵建设发展研究

在教育教学改革不断深入的过程中，高等院校根据素质教育的需要，在体育教育教学方面进行了全面的创新，引入了健康教育机制，使体育与健康成为体育教育教学有机的两个方面，极大地丰富了高等院校的体育文化建设，使大学体育文化内涵建设创新了方式、内容和发展思路，逐渐克服了高校校园体育文化建设的薄弱环节，在培养学生体育意识以及体育能力方面，取得了新成效。尽管目前高校校园体育文化的发展还不能满足学生日益提高的体育训练、体育活动等方面的文化氛围需求，可是，从总的发展形势上来看，总算取得了可喜的进步。

一、大学体育文化内涵的特点

（一）大学体育文化内涵

“大学体育文化是指以高校环境为空间，以教师、学生为参与主体，以体育教育、运动形式为主要内容，展开具有时代精神的体育文明素养、文化道德修养的群体文化。”同时，从社会学角度审视，大学体育文化的存在，体现了大学人的一种社会需求。大学体育已从单纯的肌肉活动与文化隔离的状态下解脱出来，成了既是体育又是文化，既能锻炼身体又能娱乐身心，既是运动又有教育功能，既能观赏又能参与的一种特殊的文化现象。在现代教育与现代体育运动这两大人类文化体系的交汇处，生存着一种独特的社会文化现象——校园体育文化。它是整个体育文化体系中的一部分，也是整个教育文化体系中的一部分。

（二）大学体育文化应当具备的特质

1. 体育文化的社会性

大学体育文化内涵的形成，不是孤立的，静止的。体育文化的社会性发展同时也影响着每一个大学的体育文化发展，是与社会时代发展紧密相连的。

2. 体育文化的高校性

大学体育文化精神的形成，首先具有时代精神；依据大学社会层次、社会人群、认识能力等特点，又有了大学独立的灵魂，也反映出每一个高校的体育文化内涵建设状况。

3. 体育文化的品格性

大学体育文化修养的形成，在大学学习的这个时期是非常关键的。随着学生年龄的增长，思维的成熟，知识的积累，大学体育文化对学生形成良好的体育修养、文明素养、道德情操等都非常重要。

二、大学体育文化与学生文化素质的关系

（一）体育文化的教育性培养学生体育品德和体育精神

大学体育文化是多年逐渐演化和不断完善形成的意识产物，具有很强的规范、指导、传承和借鉴作用。不同的体育运动和体育项目，其文化氛围环境也不相同，均有其特有的思想规则，只要参加体育活动，就要受该项运动规则的约束和限制。参与者在规则的允许范围内享受自由，规则面前人人平等。

（二）体育文化的娱乐性满足学生体育休闲和体育健身的享受需求

大学生是个爱学习的群体，在用心学习的时候，大脑皮层负责读、写、记忆、理解的这些中枢就处于兴奋状态，时间稍长，这些中枢就会疲劳，导致学

习效率降低。这时候，应该利用课外的时间，出去跑跑步、打打球或者做做操、游游泳等，在休闲和运动的过程中让运动神经中枢处于兴奋状态，就会加深学习中枢的抑制，使之得到充分的休息。学生可以利用课余时间，登登山，游游泳，散散步，心理的紧张、疲倦自然就会消失。

（三）体育文化的健身功能增强学生的各项基础能力

受大学体育文化的熏陶，学生们热爱体育运动，注重选择较为适合自己的项目。经常参加体育锻炼，可以提高人体各个器官和系统的机能，发展运动能力，还可以增进心理健康，促进与他人的交流合作，还能在公共场合展示自己的能力和技能，增强自信心和自豪感。

三、构建当代大学生体育文化形态和内涵的思路和理念

（一）整体提升文化环境

按照素质教育的要求，完善大学体育教学大纲，调整体育教学内容，树立大健康理念。在课程设置、课外活动、体育比赛运动等方面，创新体育文化内涵，构建体育文化氛围和环境。学校应从教育教学管理、课堂教学和课余训练活动等方面，树立开放发展的体育思想，体育不仅是运动项目还是健美、休闲的具体形式，发展体育要有多元化思考。

（二）科学遵循文化规律

文化现象使人们在长期的社会实践中，形成了好的精神积累和成形的道德规范。体育文化也是一样，什么样的体育项目，有什么样的组织方式，遵循什么样的游戏规则，等等，都是长期的实践活动不断完善、不断创新的结果。因此，大学的体育文化在塑造、建设、创新的过程中，也要遵循体育文化规律，朝着勇敢挑战自身极限的方向发展。

（三）注重开展文化活动

创新体育运动模式，注重开展多种形式的体育活动是丰富和发展体育文化的基础，不拘泥于一种形式，只要是学生喜欢的，有益身心健康发展的体育活动，学校就大张旗鼓地发展，并创造条件，使活动更丰富多彩。只有这样校园体育文化才有较强的渗透教育功能，更加有利于传承和借鉴。

（四）全面弘扬文化精神

顽强拼搏、公平竞争、健康快乐等体育文化精神是延续不断、前后传递的

体育薪火。大学生无论是锻炼身体，还是积累知识，都是在文化精神的熏陶下构建理想的自己的，而“理想的自己”必须具备的基础是健康，因此，在如饥似渴地吸取新知识的时候，要受校园体育文化的滋养，更加努力地追求健康，这样才能打造健康的身心。

第五节　体育教育与文化教育的冲突与联系

针对体育教育与文化教育之间的关系，如果在应试教育背景下讨论，其两者存在着对立关系，是具有冲突性的。但是在现在的素质教育背景下，体育教育应该实现与文化教育之间的联系，实现相互促进的作用。本节主要对体育教育与文化教育之间的冲突原因进行分析，确定两者之间的联系，并进一步确定将冲突转化为联系的方法，以更好地实现素质教育的要求。

一、体育教育与文化教育产生冲突的原因

（一）“应试教育”带来的影响

体育教育与文化教育产生冲突的罪魁祸首，就是“应试教育”。在中国各地发展很不平衡的现状下，想要使国家得到急速发展，就需要“高质量”的劳动者为祖国的建设贡献自己的力量。

“应试教育”导致一些学校片面追求升学率，使学校的体育教育工作的效果不能令人满意，一旦给予学生一点参加体育活动的时间，就会遭到部分老师和家长的反对。尤其是初三和高三的学生，为了应付中高考的竞争，基本都是牺牲体育课的时间而奔赴文化科目学习的战场，这就使学生得不到相应的锻炼，整体健康水平提高缓慢，甚至出现滑坡趋势。某网调查显示：我国学生超重和肥胖的比例增加了一倍，尤其是城市男生，其超重和肥胖比例接近 25%。2008 年的青少年体质健康标准测试显示：反映肺功能的肺活量指数，约有 23% 的学生未达标。学生耐力下降，长跑成为学生最痛苦的事情，而耐力下降说明学生心血管功能健康水平在下降。学生的健康问题不仅体现在生理方面，还体现在心理方面。来自家人、学校、社会等方面的精神压力，使部分学生产生了焦虑、抑郁、自卑、厌学等情绪。因此，“应试教育”的弊端显示得越来越明显，也不再适应当今的教育环境了，做好“应试教育”向“素质教育”的转变，得良好地统筹体育教育与文化教育，并将其落实到中小学及各大高校中去。

（二）我国的体育教育得不到重大发展

学校的体育教育缺乏趣味性，这使得学生参与体育学习和锻炼的积极性不高。体育课的教学是教师与学生、教与学的双边活动过程。要使学生能积极地参与到体育锻炼之中，教师就需要以学生为主体，主动去探索学生的心理需求和思维过程。体育教育与其他文化科目教育的一大重要区别在于：体育的教学环境是开放式的，相比文化科目更多地要求学生身体上的参与。所以，作为体育教师应该抓好这一特点，采用与教室上课不同的多种教法和组织措施，培养学生对体育正确的学习兴趣、学习动机，弥补文化学习的不足，从而履行好《中共中央国务院关于深化教育改革全面推进素质教育的决定》。“实施素质教育，必须把德育、智育、体育、美育等有机地统一在教育活动的各个环节中。”文化教育能发展学生的智育、德育、美育，但体育的发展就必须得依靠体育教育的力量。

（三）体育教育与学习的动机不够强

动机是激发人们采取某种行动，做出一定努力的心理欲望，在学习中它是促使学生积极学习的内在原动力。动机根据其来源又可分为两类，即内在动机和外在动机。分析当下学生学习体育的动机多为外在动机，也就是学生为了应付体育考试而参加体育锻炼，很多学校也是为了学生在体育考试中取得优异成绩而组织应试的体育教育。因此，现在在很多学校中便出现了一个现象：初中的体育课会一节不落地上课，但是体育的教学内容多以体育考试的项目为主，枯燥无味，就连课间操、课外活动时间学校也组织学生进行体考项目的练习。而当体育考试结束，学生就全身心投入到文化科目的学习中，不给体育教育留一席之地，高中生的体育课更是被活活变成了自习课。因此体育教育的趣味性缺失，学生参与体育锻炼长期停留在外在动机上。体育教育与文化教育之间的冲突也许就是这一外在动机所致的，将外在动机转换为内在动机是缓解两者之间冲突的一个重要手段。这就需要培养学生参与体育锻炼的兴趣。

（四）兴趣的缺失

兴趣是最好的老师。因为有兴趣的学习是主动积极的，学生进行体育学习和锻炼能够持久和集中注意力，即使在运动中碰到困难也会努力去克服，并能产生愉快的情绪。若想体育教育得到良好的发展，作为主体的学生的积极参与是一个必不可少的环节。如今的体育教育不能只是单一地练习体育考试项目，做做徒手操，让学生枯燥地跑圈，而是需要丰富多样化。例如，利用当下的流行歌曲或具有地方特色的工具编排健身操；小学体育教师多通过视频、图画等让学生了解不同的体育项目的特点和学习它们的乐趣所在；多组织学生进行不同项目的比赛以满足学生的竞争意识等。同时教师要掌握学生的心理活动规律，在体育教学中多采用目光暗示，合理对学生使用表扬与批评，及时纠正错误，正确示范，这样才能把课上得生动活泼，并获得满意的教学效果和教学质量。

二、通过身心发展体现体育教育与文化教育的密切联系

既然国家提出了“素质教育”的政策，使德智体美劳等诸方面教育相互渗透，协调发展，促进学生的全面发展和健康成长。这充分说明了体育教育与文化教育是紧密联系的。马斯洛将人的需要从低到高分为了生存需要、安全需要、爱的需要、尊重需要、自我实现需要。从中可以看出生存需要和安全需要是最基本的，而这两个需要从何而来，则是进行体育教育使人获得健康的身体和心理。有了健康的身心体魄，才能远离病魔；文化教育能提升人的智育、德育，使人能够采用科学有效的方法参与到体育锻炼中去。

（一）身体方面

适时的体育锻炼可以使学生保持充沛的学习精力，为人们从事智力活动打下良好基础。科学研究显示：经常参加体育锻炼可以促进大脑发育，改善大脑机能，如调节功能、反应速度、活动强度和精确强度等，同时也能改善不健康的血液循环系统、呼吸系统、神经系统、消化系统和内分泌系统等。当老师教授某一运动技能时，学生的记忆力能够得到提升。在文化教育中，学生学习多采用文字性的记忆，这就常常产生死记硬背的现象。而在体育教育中，教师对动作进行示范，此时学生进行的便是视觉上的表象记忆，这比死记硬背的效果好得多，这便能让学生在文化学习时将文字记忆转化为表象记忆，增强记忆效果。体育比赛也能提升学生的观察力和注意力。如一场篮球比赛，学生需要观察场上形势并给出合理的配合战术。像参加篮球比赛这类多人配合的同场竞技项目时，学生也需要有很高的注意力，以盯住篮球和运用人盯人防守战术等。

（二）心理方面

体育运动对认得心理也会产生有利影响。体育是充满竞技性、挑战性的，体育教育可以培养学生克服畏难、胆小的心理，增强坚强、勇敢的意志。尤其是对于专业运动员来说，他们有着常人所难得的吃苦耐劳、坚持不懈的精神。

学生在参与比赛中能够锻炼自己正确处理和协调人际关系的能力，也能收获与同伴互帮互助的团结精神。在文化教育的强大压力下，适时的体育运动能够愉悦心情，缓解焦虑、抑郁的不良心理。

第六节　高等体育院校应如何传承与发展体育文化

加强高等体育院校在传承与发展体育文化中的路径研究，可以指导和帮助高等体育院校学生树立正确、良好的健康价值观念，充分发挥其教育导向、开发创造、娱乐调节、激励凝聚等功能，营造最优化的育人环境，更好地实现高等体育教育培养目标。既为体育文化传承与发展奠定“基础”，又为社会主义核心价值体系建设搭建“桥梁”。在建设体育强国的过程中，我们要借助体育院校的独特优势，充分发挥其在文化传承与发展中应有的作用。

一、现代体育文化的内涵及其构成

（一）现代体育文化的内涵

文化即人的创造，人的任何一种创造都是文化创造，包括人所创造的物质产品、社会生活条件和精神产品。一个国家、一个民族的文化在长期的历史发展过程中，继承和积淀了深厚的民族传统，又在与外来文化的碰撞和交融中不停地内化更新、外向传导，从而促进整个人类文化向前发展。人类文明进步的历史充分表明，没有先进文化的积极引领，没有人民精神世界的极大丰富，没有全民族创造精神的充分发挥，一个国家、一个民族不可能屹立于世界先进民族之林。

（二）现代体育文化的构成

体育活动过程中会涉及体育场地、设施、器械、装备以及锻炼与运动的环境等，由此可认为体育行为具有文化的外层特征。文化的中间层是人类的知识与能力系统。人类的体育现象有关于体育的各种组织方式以及体育制度等，因此体育现象中具有文化的中间层次特征。人类无论从事哪一种形式的体育活动都会具有明确的价值倾向。同时在全部的体育行为中都可看到人类对美的理解与追求，还能看到体育现象中具有宗教情节、民族性格等内容，因此体育现象很明显也具有文化核心层次的特征。

基于此，体育是人类社会生活中的一种文化现象，它能跨越国家、地区、民族、宗教信仰、文化习俗、政治团体、年龄、性别和职业等种种因素的影响进行交流、渗透。体育文化体现于民族、国家、地区的发展内涵、整体价值观以及基础建设等方面，它是民族、国家、地区长久发展过程中的历史演变、完善、发展、积淀。体育文化是文化的下位概念，可以从文化的视角切入来理解体育文化的内涵和构成。体育文化是在增加健康、提高人们生活质量的过程中创造和形成的一切物质和精神的财富，包括与之相适应的社会组织及规范体育活动的各种思想、制度、伦理道德、审美观念，还包括为达成目标的各种改革举措以及相应的成果。

“体育是社会发展和人类进步的重要标志，是综合国力和社会文明程度的重要体现。体育在提高人民身体素质和健康水平、促进人的全面发展，丰富人民的精神文化生活、推动经济社会发展，激励全国各族人民突破自我等方面，都有着不可替代的重要作用。”

体育文化的核心毫无疑问是体育的价值观，即体育在人类个体的生存、发展乃至于整个人类社会的存在和发展中能够起到什么样的作用。

二、高等体育院校在传承与发展体育文化中的路径选择

全球化背景下体育文化的传承与发展面临多方面的挑战，关注和加强高等体育院校传承与发展体育文化路径的研究，需要借鉴吸收人类文明有益成果，遵循体育文化传承与发展规律，通过多种途径营造和搭建体育文化传承与发展平台，这样才能更好地发挥体育文化在社会主义核心价值体系建设中的作用。

（一）教育教学是体育文化传承与发展的主要途径

教育教学是文化延续和更新必不可少的手段，是文化传承与发展过程中的重要环节。它通过把人类共创的文化财富转化为个体的知识、才能、思维能力、实践能力，再通过个体发挥智慧、才能的活动，体现出已有文化对当今社会的功能，或创造出新的文化成果，从而丰富文化宝库。教育教学由群体向个体转化，再由个体转化为群体的过程，沟通了人类群体的精神力量和个体的精神力量，具有普及和传承体育文化的基础功能，也是促进体育文化创新和发展的主要路径。

高校对人类文化的传承与创新，主要依靠育人来实现，贯穿于传授知识、培养能力、塑造价值等育人的各个环节。教师将前人积累的文明成果，经过消化吸收、扬弃创新，传递给青年学生，既利用先进文明成果培育新人，又通过育人传承与创新文明，两者相辅相成、相得益彰。因此，高等体育院校要积极

发挥引领作用，紧紧围绕“培养什么样的人”和“怎样培养人”这两个根本问题，着眼于体育强国战略目标，积极发挥文化育人作用，通过全面提高学生的体育素养，使优秀体育文化得以传承和保留。

高等体育院校为提高教育教学质量，完成体育人才培养与文化传承的重任，主要从专业设置、人才培养方案调整、课程建设、教学资源建设、管理体制机制创新以及教学方法改革等方面进行落实。

（二）校园文化活动是体育文化传承与发展的催化剂

校园文化活动为学生提供了行为的参照系，潜移默化地指导他们正确认识和处理个人与集体的关系，把个人行为引导到集体目标上来，因此它深刻地影响着学生的思想品德、行为规范和生活方式。导向的成功与否，是校园文化活动发挥了积极的正面效应还是产生了消极的负面效应的重要标志。目前，高等体育院校校园文化活动主要包含学生社团活动、文化大讲堂、知识竞赛与体育竞赛等。

学校体育社团是在本校相关领导部门的指导下，学生根据自己的体育兴趣和需要成立的各种运动项目的课外体育活动组织。体育社团的成员都是自觉自愿参加的，众多兴趣相同的体育爱好者聚集在一起，开展各种健身、消遣娱乐、竞赛等有益于身心健康的体育活动，因此形成了很强的团体凝聚力，有利于社团内成员的相互交往，增进团体成员之间的友谊，有效地调动了团体成员参加体育活动的积极性和主动性。同时灵活多样的社团活动组织形式、丰富多彩的活动内容吸引了团体成员在课余时间积极主动地参加社团活动，激发了他们对体育课程学习的兴趣和体育锻炼的自觉性，也有助于他们锻炼习惯的养成，培养终身体育的意识。体育社团在体育文化的传承与创新中起着重要作用，因此学校会在政策、场地、器材和资金方面给予倾斜，确保体育社团活动顺利开展。这将会带动更多的学生投身到体育文化建设中，校园体育热升温，学校的体育场馆和设施得到充分而有效的利用，由此促进了整个校园体育文化的建设，丰富了体育文化的内涵，也促进了体育文化的发展。

体育文化大讲堂主要指由校内外体育专家开展的讲座。它介绍国内外体育赛事、体育形势、体育文化、奥运史、运动损伤的预防和急救等内容，这些讲座承载着大量的传播内容，同时讲座中的互动和交流环节加深了大学生对体育知识的理解。

高等体育院校拥有丰富的体育人力资源，既有奥运冠军、世界冠军，也有金牌教练，不少是公众熟悉的体育明星，他们是学生的榜样。学校会邀请这些体育界的明星与学生进行亲密接触，讲述自己的体育经历，激发学生参与体育运动的热情。

为使文化大讲堂的知识更好地渗透到学生心中，达到体育文化的再传播，高等体育院校还借助学校广播站、校刊、板报、学校宣传栏等载体配合宣传体育文化知识。通过多渠道、多视角、立体式的宣传，加快体育文化传播的速度。

由于每所高校的特点不尽相同，每所高校都有其独特的体育文化，因此各高等体育院校还对学生进行本校体育文化的宣传，通过参观校史馆，介绍本校优秀运动员事迹等方式让学生了解自己学校的体育文化历史和基本情况，提高学生的自豪感。高等体育院校还通过不定期举办体育竞赛提高师生对体育的兴趣。学校工会主要组织教师竞赛活动，一般以爬山、拔河等趣味性较强的体育活动为主。学生竞赛活动主要由学生社团或学校团委等组织，主要举办健美操与啦啦操比赛、街舞比赛、足球联赛、乒乓球比赛、篮球联赛、羽毛球比赛、排球比赛等健身娱乐性比赛；同时还举办体育演讲、体育征文、体育摄影等比赛。还有每年一度的体质达标健康测试。除面向自己的师生外，部分体育院校在新成立时会面向社会举办学校校徽设计等活动，这既扩大了学校的影响力也有利于体育文化的传播。

（三）日常训练是体育文化传承与发展的动力平台

日常训练凝聚了教练员、运动员的超越自我、战胜自我、敢于创新、克服困难等重要的个体行为和道德内容，这些个体行为品格的充分发育经由无数的训练行为而整合凝聚成全体成员的公平竞争、光明磊落和团队意识等极为重要的社会行为和道德内容，成为团队共同的信念和追求，形成团队心理和团队气氛所具有的强大感应力，这感应力又反过来约束全体成员的行为。所以日常训练是体育文化传承与发展的动力平台。

为取得优异成绩，教练员和运动员们在训练时坚决贯彻科学的训练原则，教练员们结合各项目的特点和规律，科学准确地把握训练原则。训练中做到有难度，为培养高水平的运动员而努力；在调查中，教练员们表示训练前根据项目的实际情况，教练均会制定出切合实际的训练目标和训练计划，以实战需要为核心，根据本项目的特点，因人而异、因情况而异制定相应的训练计划，加强针对性训练。根据训练节奏和比赛安排，合理制定阶段性计划和目标。

训练中教练严格要求，制订的计划严格执行，不打折扣，从细节入手着重解决薄弱环节。在对运动项目规律再认识的基础上，在运用本校成功经验的同时，借鉴其他省市学校的成功经验，创新训练理念，创新管理方法，以新的训练思路和方法适应新形势的需要，创造新的辉煌。有学校提出将教练员训练计划教案化，运动员训练日记作业化作为一项管理制度，力求制度化、规范化。在全校营造一种以自主创新为荣、不思进取为耻的氛围，形成人人争当创新先锋的氛围。

竞技体育的残酷性在于金牌只有一块，能获得金牌的运动员固然是一种自我价值的实现，但我们谁都不能否定没有获得金牌的运动员在追求理想的训练过程中所付出的艰辛和努力。体育的魅力在于它所拥有的活力和激情。那种敢于直面激烈竞争、正视现实，永不言败的人格力量正是走向社会所必备的心理品质，同时也传承了奥林匹克主义的人文价值。

（四）重大竞赛是体育文化传承与发展的展示窗口

体育竞赛最真实地展示了人类之间的竞争、团结、爱国与持之以恒的精神。任何体育竞赛的参赛运动员都会以夺取比赛胜利、创造优异运动成绩为目的，他们之间的争夺与竞争让观众切实感受到了“更高、更快、更强”的奥林匹克竞赛精神，人们通过观看比赛让自己的心灵得到洗礼，体育知识得到升华，体育审美得到提高。体育比赛具有的特点决定了它在社会主义核心价值观教育中具有独特优势，成为践行社会主义核心价值观教育的重要载体与途径。

学校对外的体育竞赛，是学校向社会开放的窗口，代表着学校的形象，向社会展示了学校的综合实力、办学水准和精神文明建设的成就，对树立学校的社会形象产生了积极的影响。高等体育学院培养了许多优秀运动员，这些体育明星以强健的体魄、高超的技巧、坚强的意志和鲜明的人格魅力影响着世人，为人们所爱戴和崇敬。人们把这些感情转化为自身对体育的热爱与追求，其结果在整体意义上表现为人类的自身素质不断提高，从而为社会不断提供合格的人力资源，促进体育文化的传承与发展。

每所高等体育院校都有自己的学校发展特色，对一些具有优势的传统体育项目或符合学校实际的特色项目，学校也花大力气予以扶持与培植，聚合提升学校内部群体和社会对体育的关注程度。比如浙江体育职业技术学院培养了诸多游泳高手，这让浙江老百姓纷纷学起了游泳。学校因体育竞赛成绩优异而成名，学生因关注学校竞技体育发展而更加亲和体育。

在很多高水平的体育比赛中，都有运动员的自编、自创动作，创造与超越是体育文化的最具有文化学意义的功能。比赛中，运动员打破一项记录，既是对原有记录的超越，又是一次新纪录的创造。孙杨、叶诗文等奥运冠军在奥运会上的打破纪录的优异表现就是继承旧知识，再对旧知识进行创造与超越的结果，不仅展示了运动员的竞技水平和道德风尚，而且在全世界人民面前展示了中华民族的创新精神。

（五）社会服务是体育文化传承与发展的有利通道

高等体育院校师生向社会提供的服务主要包含技术服务、组织管理服务、公益宣传服务等。这些社会服务提高了群众的健身热情与运动技能，也减少了运动伤害的发生，让群众体验到体育锻炼对身心健康发展的好处，群众在健身行为态度和行动力方面得到改善，参与体育健身的意愿明显增强。

1. 技术服务

技术服务是指拥有技术的一方为另一方解决某一特定技术问题所提供的各种服务。从高等体育院校自身的体育资源优势以及教学、训练、科研工作状况及实际情况来看，目前高等体育院校可以提供的技术服务主要有业务培训、科研服务、医疗服务等。

业务培训主要有基层教练员培训，体育特色学校师资培训，各竞技项目裁判员资格培训，社会体育指导员、体育场地工、体育经纪人、游泳救生员培训等。服务采取学院培训部门组织和接受相关机构委托组织的方式进行。培训班开班期间，学校教练根据自身专项对培训者进行技术、训练理念等方面的指导；文化课教师对相关理论知识进行传授。

高等体育院校设有科研机构，尤其是具备为运动队服务的资源的科研机构在满足本校需求的同时可以对外服务。比如形态测试、生理生化测试、最大摄氧量测试、体成分测试，让群众在了解自身的前提下合理锻炼。

高等体育院校的体育医院在服务自身的同时也服务于全社会，除在工作日接待有需求的民众外，还定期开展义诊活动，服务社会。主要服务内容为运动伤病防治、青少年生长发育评定和身高预测。考虑到社会对于青少年生长发育评定和身高预测的大量需求以及儿童医院接诊量有限的现状，部分学校体育医院专门开设了矮个子门诊以满足民众的需求。

2. 赛事承办与培训的组织管理服务

目前高等体育院校承办的赛事主要为各项目大型竞技赛事和省内的体育行业职业技能比武竞赛活动。由于体育学院本身具有丰富的场馆资源与赛事组织、后勤服务等庞大的人力资源，赛事的工作人员等大部分都可以在本校中选拔产生，不需要花费大量精力向社会募集，同时也减少了场馆租赁、协商等相关事宜，这为赛事、培训节省了大量的物力、人力成本，也使得赛事、培训的工作进程和质量得到了较好的控制，同时极好地促进了学校体育资源的有效利用。

3. 公益服务

优秀运动员尤其是奥运冠军、世界冠军等对青年人的影响具有不可替代的作用。高等体育院校可以充分发挥体育明星的社会影响力，借助他们推广体育事业，传播正能量。比如奥运冠军叶诗文就曾与合肥市农民工子弟学校的学生们开展体育互动游戏，通过活动来影响和带动更多的人关爱城市流动儿童，帮助他们健康成长。全运会五冠王汪顺担任宁波体育志愿者阳光大使，为当地的群众体育贡献自己的力量，让体育文化得到了很好的传播。

除优秀运动员外，社会生源的学生凭借自己的专业技能也参加了很多大型赛事的志愿服务活动。在工作中学生们奉献了汗水和专业技能，体验到了运动员全程拼搏的精神，奋勇拼搏、团结助人的体育精神在运动员和志愿者之间得到了很好的传递。

（六）校园体育建筑和设备是体育文化传承与发展的物质载体

随着高等体育院校办学规模的扩大和办学实力的提高，当代大学生体育设施等硬件建设规模和层次在近几年得到了明显的改善和提高。高等体育院校拥有一流的现代化的体育场馆、高标准的体育器材，这是体育文化传承与发展的物质载体。

体育氛围是体育文化好坏的直接反映，良好的体育氛围不但有利于推进学校体育的健康发展，而且对提高学生的运动技术技能水平，培养学生的体育爱好和兴趣，养成终身锻炼的习惯具有积极作用。高等体育院校良好的体育场地、充足的体育场馆以及功能齐全的体育器材，这些优质资源的大量汇集，使得高等体育院校可充分利用体育物质文化的直接育人功能，营造出浓厚的体育氛围，学生进入校园就能感受到体育环境的熏陶，从而唤起运动的冲动和对体育运动的向往，提高自身参加体育活动的积极性。

为响应国家政策，高等体育院校开放性场地基本向社会免费开放。学校师生参与到了本校的体育场馆开放的管理和指导工作中，这给了学生更多的认识社会、接触社会的机会，也为师生业务水平的提高提供了良好的平台。通过与社会人士的交流，学生对体育运动、体育的价值和作用有了比较深入的认识和理解，转变了对体育的态度并培养了体育习惯，加强了自我的体育参与，体育观念明显加强，很多学生的体育锻炼时间明显增加。

第三章　高校校园体育文化概述

第一节　高校校园体育文化价值论

高校校园体育文化是高校体育理论的重要内容之一，对其价值的研究无疑具有深远的意义。高校校园体育内外部“主体”的多样性，导致社会对高校体育文化的诉求也体现出了多样化，这种多样化决定了高校校园体育文化价值的多元性。

一、校园体育文化的内涵

“校园体育文化”这一概念被提出来是在 20 世纪末，它反映了人们对校园体育文化的重视，校园文化与体育文化深度的融合、有机统一。校园体育文化指的是全校师生在校园实践活动中所创造出来的体育物质和精神文化的综合体。校园体育文化包括 3 个层次的文化即校园体育物质文化、制度文化以及精神文化，体育文化与校园文化无法割断的内在联系性决定了对校园体育文化价值的分析和研究势必为校园文化和体育文化的发展带来巨大的积极影响。

二、高校校园体育文化的内涵

根据我国《现代汉语词典》中对“文化”的定义，并结合上述校园体育文化的概念，笔者将高校校园体育文化定义为，在一定的社会历史条件下，高等学校全校师生在校园实践活动中所创造出来的体育物质和精神文化的综合体，包括高校校园体育物质、制度和精神 3 个文化层次。

三、马克思价值论视角下的高校校园体育文化价值

马克思将商品的属性分为商品的“价值”和商品的“使用价值”，这两个属性中商品的“使用价值”是商品的自然属性，商品的“价值”是商品的社会属性，商品交换的基础是其“价值”。

①商品的使用价值。针对外界事物作为商品能够满足人们的需要，马克思首先引用了商品的“有用性”。物的有用性是物本身属性的体现，如若物品消失了，那么物的使用价值自然也就不存在了，相应的“有用性”将无从谈起，这就表明商品的使用价值只有在消费过程中才能得到体现，人类的各种各样的消费才维持了其生存和发展。

②商品的价值。如果商品没有了使用价值，那么商品就只剩下了劳动产品这个共同属性，而随着物的有用性的消失，各种劳动的有用性也就随之消失，那么各种劳动也就不再有什么差别，全都化成相同的抽象人类劳动，马克思称之为商品的价值。

③商品价值的确定。如何确定商品的价值呢？马克思认为，价值是通过完成这件商品所需要的、必要的劳动时间来计量的。商品包含了物质和精神两个层面，而教育显然是精神层面的劳动商品。精神生产和物质生产一样，是人类有目的的生产活动，都凝结了人的体力和脑力的支出。如果除去精神产品的具体表现形式，那么这些精神产品就和劳动产品具有相同的性质，所以，精神产品本身也就具有价值这一属性。高等学校提供的教育属于服务型商品且其含有价值，但是学校教育所含有的价值量所涉及的内容相对较多，因此，其价值量很难用社会必要劳动时间来计量。那么，怎样确定教育的价值量呢？笔者认为我们可以把抽象的教育价值还原成教育“服务”的使用价值，即教育的“有用性”。什么是教育的有用性？教育的有用性体现在教育主体与社会领域对教育的需求及满意程度这两个方面。因此，“教育价值”既要满足教育主体的（教师与学生）需要，同时又要满足社会各领域对人才“有效使用”的需要。

综上，教育的价值应充分考虑两个方面：一是教育主体对教育的需求及其满足程度；二是体现社会对教育的要求。因此，我们探究高校校园体育文化价值，可以从高校校园体育文化作为客体对主体需要的满足关系这一视角去分析。

四、高校校园体育文化价值的多元解析

由于教育主体存在多元性，因此，高校校园体育在实践的过程中涉及的高校校园内外部“主体”具有多样性，导致高校校园体育内外部“主体”对高校

校园体育的诉求也体现出了多样化，这种多样化特征决定了高校校园文化价值的多元性。

（一）大学生主体对高校校园体育文化需求的分析

大学生通过运动满足健身、娱乐的需求。目前我国高校体育工作的核心指导思想是“健康第一”，高校体育课程也已改为“体育与健康”课程，从这完全可以看到我国对大学生身体健康的重视程度。体育本身起源于人类对身体的健康需求。但是长期以来我国的教育事业都深受“主智教育”思想的影响，体育学科的地位受到很大冲击。中小学生的大部分时间都被文化课占据着，高校宽裕的时间为大学生发展体育运动爱好提供了优越的条件，因此，大学生就可以养成正确的锻炼方法和体育锻炼意识，为建立终身体育意识奠定基础。适当的体育运动可以缓解大学生学习及生活的压力，使其释放不良情绪，观看运动比赛和表演可以使身心得到愉悦。

大学生通过参与体育运动项目满足发展自身个性的需求。高校校园体育文化内容丰富，能够满足高校学生各种不同的发展需求。多种多样的体育项目能够在充分挖掘学生的潜能方面发挥重要作用，例如，足球项目能够发展大学生的各种身体素质；健美操、体育艺术舞蹈可以塑造大学生的身材，培养他们的音乐节奏感等。可见体育运动项目也具有鲜明的个性化特点，体育运动可以更好地完善学生个性的发展。

大学生通过体育运动满足社交的需求。我国著名教育家张伯苓认为，未来的教育学家不仅仅要注重个人本身素质的提高，还要注重整个社会素质的提高。社会是个体组成的综合体，如果社会不发展那么个体也难以向前发展。个人强，可以助社会长；社会长，亦可以助个人强。网络信息严重影响到了大学生的身心健康，使得大学生的正常沟通和交流受阻，从而使得大学生易形成孤僻的心理，在处理人际关系时较为冷漠。体育运动可以呈现一种特殊的交流平台，使大学生的交流更加真实，手段更加灵活多变，形式更加丰富多彩。团体体育运动项目能够促进大学生集体主义精神和甘于奉献精神的养成，从整体上改善大学生的精神风貌。

大学生通过运动满足审美需求。著名的现代奥林匹克之父顾拜旦在其著作《体育颂》一书中认为，体育代表着一种美，体育代表着和平、正义、勇敢和进步。高校校园文化凝聚着人类劳动美和生活美的元素，高校体育运动充分展现了我国高校大学生对于内在美以及外在美的追求。

（二）高校校园体育其他“主体”对高校校园体育需求的分析

我国正处于社会市场经济转型阶段，由于受到了市场经济的冲击，现代人的价值观在悄然发生着改变，人们产生了金钱至上、唯利是图、坑蒙拐骗等不良理念。体育文化的传播可以潜移默化地影响人们的思想和行为，体育文化中的公平竞争、遵守规则等理念可以转移到人们的社会生活中，没有规矩不成方圆。

高校体育教育是我国高等教育不可缺少的一部分。“青，取之于蓝而青于蓝；冰，水为之寒而寒于水。”夸美纽斯说过，“健康的精神高于健康的身体”，蔡元培提出了“完全人格，首在体育”这一体育教育观念，高校体育教育在促进大学生的全面发展方面无疑起到了至关重要的作用。

作为体育教师主体，促进学生健康是教师的职责也是教师的任务。积极参与我国体育课程改革，对大学生的课外体育锻炼和专项训练给予一定的帮助和指导，这不仅体现了高校学生和学校对高校体育教师的要求，而且还体现了高校体育教师多方面的价值。

作为大学生今后的就业单位主体，虽然对就业者的身体方面要求不高，但是一个身体健壮、精力旺盛的人显然是更能得到企业的青睐的。相关数据显示，目前我国企业超过 90% 的员工都处于疾病状态和亚健康状态。现阶段大部分的企业已经着手于关注员工的身心健康，但是这些企业并没有给员工提供主动性的健康管理，更多的是给予员工被动形式的健康保障，因此，需要提高对企业员工的健康管理水平。相信在不久的将来，大学生的身体健康程度势必会受到招聘企业的重点关注。

第二节　新时代背景下的高校校园体育文化建设

新时代给我国高校校园体育文化发展带来了良好的发展机遇与动力。高校是文化传承、创造、传播的重要机构。2014 年，习近平总书记在南京探访青年奥林匹克运动会中国代表团时再次指出，青少年要全面发展，不仅要具备广博的知识和良好的品德，还要有强壮的身体，不屈的精神。校园体育文化是校园文化和体育文化相结合的产物，是指以校园为空间，以师生为主体，以体育运动为主要手段，在体育教学、竞赛、科研过程中共同创造的物质形态和精神财富之和。

本节从文化学的角度，将校园体育文化划分为体育物质文化、体育意识文化和体育制度文化三个层面，有利于分步骤、有计划地对校园体育文化进行探析。校园体育文化的影响深远，不但可以健身，还可以健心；它的内容丰富，不但包括“硬件”的物质形态，而且包括“软件”的意识、制度形态；高校应通过体育教学、课外锻炼、体育竞赛、体育欣赏等多种手段方式来育人，促进学生身心协调发展。新时代背景下对高校校园体育文化进行分析有助于增强校园体育文化对高校人才培养的影响，增进学生对校园体育文化的认识和了解。笔者结合新时代的特征提出了自己的建议，以期为高校校园体育文化的建设和发展起到推波助澜的作用。

一、高校校园体育文化的实施目标

（一）为新时代发展提供强大的人才支撑

新时代需要的是创新型、复合型人才，这也就意味着应试教育模式下培养的单一智育型人才已经不能够满足现代社会的发展需要。科技的发展加速了社会前进的步伐，与此同时高科技犯罪也严重地扰乱了社会秩序，高科技与低素质的反差远不能满足社会对人才的要求，因此加强人文素质教育，使教育多元化、科学化、人文化，培养出高素质的现代化大学生是社会发展对高等教育的迫切要求。为了更好地实现高校与社会的衔接，高校应顺应时代发展需要，不仅要向大学生传授科学文化知识，更应该培育他们具有健康的身体和良好的社会公德，通过大学的学习生活引领大学生们树立正确的世界观、人生观和价值观。高校校园体育文化是校园文化的重要组成部分，是大学内在精神力量的显示器，是引导大学生树立正确的世界观、人生观、价值观、健康观的重要向导，是高校培养高端人才必不可少的人文支撑。校园体育文化不仅具有健身、娱乐、改善生理机能的功能，而且能培养大学生具备吃苦耐劳的品质、公平竞争意识、自强与协作的能力，让其树立民族自信心、强化社会责任感。

（二）服务于高校师生健康生活的需要

随着社会的高速发展，社会竞争压力不断增加，人所面临的精神压力逐日增加。教师的教学、科研压力，学生的学习、就业压力，导致许多师生出现了身心疾病。近年来教师猝死现象层出不穷，学生患抑郁症、自闭症的情况有增无减。这正是师生自身不能合理调节压力，找不到发泄情绪的适当途径导致的。而校园体育文化通过体育锻炼、体育竞赛、体育教学等多种活动形式释放师生的烦恼，缓解他们的不良情绪，提高了他们的抗压能力。因此，各高校要加强校园体育文化建设，服务于师生健康生活的需要。

二、新时代高校校园体育文化建设的内容

（一）高校校园体育的物质文化建设

物质条件是校园体育文化建设的载体，是校园体育文化传播的基础保障。高校在建造体育场馆、建造体育塑像、建设体育网站、为建筑命名时，要结合学校的历史条件和发展规划，既要布局合理，体现学校特色，又要体现校园体育物质文化的内涵，实现以物育人。校园体育物质文化建设需要满足大学生群体对于运动场地、体育器材的多样化需求。如利用多媒体技术在学校人群集中处播放各方面的体育 PPT，内容包括学校各种体育赛事剪影、学校体育社团的介绍、国内外体育赛事的转播等，通过直观方式吸引更多的学生关注体育。努力构建与校园文化、体育文化相辅相成，和谐统一的体育硬件资源，通过营造出一种和谐相处的校园体育文化氛围，发挥校园体育物质文化的基础作用。再比如，各校可依据学校的实际情况设计体育标识，它可以体现为学校的体育吉祥物、体育口号、体育徽标等。在学校的各项体育赛事中充分运用体育标识，向师生传递团结、进取、拼搏、积极参与的体育精神，多方面彰显学校的体育理念和精神风貌，并且可以将学校独特的优良的校园体育文化通过体育标识一代代传下去，实现物质传承，为大学体育文化建设提供物质保障。

（二）高校校园体育的制度文化建设

校园体育制度文化建设是学校各项体育工作落实的保障机制，其核心价值在于保证校园体育工作正常运转，规范师生体育行为，营造和谐有序的校园体育氛围。所谓“无规矩，不成方圆”，因此学校要制定体育社团、体育课程、课外体育锻炼、体育竞赛、体育考核等方面的相关制度与政策，使建设好校园体育文化有章可依，有规可循，把校园体育制度文化贯穿于教学、竞赛、育人的全过程，体现在师生行为规范中，落实在体育各方面工作中。体育制度是校园体育文化建设发展的有力保障，在执行过程中注重其针对性和导向性，坚决维护制度的权威性。

（三）加强高校校园体育的意识文化建设

校园体育意识文化主要是指师生对于体育所持的观念、情感、价值观等意识形态。体育意识是内驱力，是体育行为产生的前提。体育意识文化是校园体育文化发展的指挥棒、导向仪，宣传在新时代涌现出的先进体育精神、优秀体育品质、正确的体育文化价值观，并融合时代元素、反映时代精神，发挥高校

体育文化的生命力。体育意识文化主要包括体育价值观、道德、精神等多方面，旨在通过良好的体育意识教育将外在理念转化为学生体育文化素质方面的内心修养，让其树立终身学习、终身体育的观念，将体育有益健康的思想践行于日常生活中。要研读、践行新时代中国特色社会主义思想，将校园体育精神以师生易于理解的方式进行推广，弘扬团结进取、拼搏自信、吃苦耐劳的精神，为实现我国由体育大国向体育强国转变提供强大的理论支撑和舆论环境。

三、新时代高校校园体育文化建设的建议

（一）建立统筹指导和协调管理机制

学校领导层的决策行为，决定着体育在学校中的分量，也决定着体育在校园的未来发展。校园体育文化建设需要一个由多方参与和配合的权威机构来主导，应由学校体育工作委员会、体育教学部门、教务处、院团委、学生会、体育社团等组成，承担全面规划高校校园体育文化建设的工作、行使与学校各行政部门和各系部统筹协调的职责。同时建立校园体育文化建设服务指导中心，提供体育活动的指导、监督、检查、评比等服务；研究制订校园体育文化建设规划和制度，确保校园体育文化建设有序地进行，使学校的体育文化工作纳入规范化的运行轨道。形成各级部门协同促进校园体育文化建设的联动模式，充分发挥校园体育文化的功能，走可持续发展路线。

（二）完善基础设施，丰富校园体育文化要素

校园体育文化建设需要修建并维护体育场地设施等基础设施。高校要从财政上加大对体育建设的投资，积极修建体育馆、体育场地，增强和扩大体育场馆的容纳能力；通过建设体育场馆基本设施，完善体育文化物质基础，提高校园体育文化的物质功能；积极构建体育文化新媒体系统，加快建设现代化的校园体育文化网络平台，紧跟时代步伐，抓住师生的“看点”并进行实时调整；发挥学生体育社团的带头作用强化体育社团的组织能力，举办内容丰富的体育文化活动；开展丰富的体育节活动，建设稳定的体育赛制体系，提升体育活动的影响力。

（三）运用信息技术，助力校园体育文化建设

现代社会是一个开放的社会，随着新媒体的出现，校园体育文化环境从现实环境拓展到了虚拟环境，互联网的每一个使用者都可以通过微信、微博、网站等媒介获取最新的体育新闻，并且记录自己的意见、情绪和社会交往行为，

具有更新速度快、数据量大、用户参与度高、宽松自由等特点。新媒体环境有利于校园体育文化融合社会力量，挖掘更多现代的、传统的、不同地域特色的体育文化要素，创新开展多元化的校园体育竞赛活动，增加高校学生体育培训服务有效供给，激发大学生参与体育的兴趣，普及体育基础知识和技能，使其做到“知其然，知其所以然”，形成体育锻炼习惯。体育新媒体的特点之一就是互动，通过师生的反馈和数据分析，敏锐抓住问题，改进体育 APP，提供师生感兴趣的体育资讯，普及体育科学知识，宣传介绍体育锻炼的好处、方法和原则。

（四）对外开放，实现体育资源共商共建共享

进入新时代，跨地区、跨校文化交流日趋普遍，传统上文化交流一元主体的方式已经不能完全适应时代的要求。探索高校校园体育文化交流合作的有效机制，比较合理的模式是政府领导、高校参与、学界互动、社会协同，形成多元化的全体师生积极参与的校园体育文化环境。支持各地区高校联盟建设校园体育文化，打造“高校一小时体育圈”，实现学校之间以体育为纽带紧密联系，实现资源共建共享，推动高校校园体育文化的建设与传播。而在全国范围内高校之间可以通过“十二五”期间的“三通两平台”建设体育信息化教育环境，推动改进体育教学、体育管理，提升师生的技能。这样做，既可以使资源得到最大化利用，也能促进校园体育文化多元化发展，是一举多得的良策。实现校园体育文化资源共享共建，要求各学校积极主动作为，将共享资源与学校的发展前景结合起来，更要求学界开动脑筋，出谋划策。例如，2013 年由上海交大牵头，全国 20 多所百年高校参与了《百年名校校园体育文化传承与发展研究》的编写，专家、学者们以新的历史时期为背景，探讨如何推动体育文化的传承与发展，大家集思广益，实现了体育资源的最大化开发。此举为高校校园体育文化协调发展提供了良好的契机，不受地域、时间限制，可实现优质校园体育文化资源在大学之间开放式发展。

党的十九大报告进一步明确了文化建设在中国特色社会主义新时代的基本定位，文化建设的核心就是满足人的精神需求。对于高校校园体育文化建设而言，也需与时偕行，坚持以党的十九大精神为指导，运用现代科学信息技术，明确高校体育文化工作的指导思想，确立符合各高校“校情”的体育文化建设内容体系，有效利用新媒体传播方式，加强各校之间的交流，形成资源共建共享模式，加强体育物质文化建设，完善各项体育规章制度，把握体育意识文化的深层内涵，不断提高大学生的体育文化素养。

第三节　高校校园体育文化的作用

高校校园体育文化是在高校校园的育人环境中，以高校校园为空间、以学生为主体、以教师为主导，以促进学生个体成长和提高全员文化水平、身体素质及审美情操为目标，由全体师生员工在各种体育活动中相互创造出来的一切物质的、精神的成果。它是反映大学生特有的思想观念、价值取向和行为方式的亚文化，是一种较为特殊的社会文化形态。高校校园体育文化作为校园文化的一个重要组成部分问世以来，对高校体育产生了巨大影响，它随着社会文化的发展而不断地更新和丰富自己的内容。

高校校园体育文化是指，在高校这一特定的范围内所呈现的一种特定的体育文化氛围，是人们在高校教学和科研实践过程中所创造的体育精神财富和物质财富的总和。它是高校的师生员工在体育教学、健身运动、运动竞赛、体育设施建设等活动中形成的所有的物质和精神财富，以及体育观念和体育意识。它是以大学生为主体，以课外体育文化活动为主要内容，以高校校园为主要空间，以高校校园精神为主要特征的一种群体文化。这种特定的高校校园体育文化氛围是和高校的培养目标、校风校纪、生活方式等内容相联系的，是一种有着深刻内涵和丰富外延的独特的高校文化现象。高校校园体育文化与德育、智育、美育文化等一起构成了高校校园文化群，同时又与高校竞技运动文化、群体体育文化一起组成了广义的高校体育文化群。因此，高校校园体育文化作为高校校园精神文明的一种形态，成了高校校园文化不可缺少的一部分。

一、研究高校校园文化的目的

高校校园体育文化从社会学角度来讲，是社会文化的一个缩影，是社会文化在校园中的一种表现形式，又是整个体育文化体系中的一部分，也是整个教育文化体系中的一部分。高校校园体育文化作为社会文化的形态之一，它来源于社会大文化，以社会文化为背景，滋生于社会，而又不同于社会文化。高校校园体育文化，不仅具有强烈的个性，而且具有自己的特殊功能，它对大学生的人生观产生着潜移默化的深远影响，而这种影响往往是任何专业课程所无法比拟的。大学生通过高品质的校园文化熏陶，可以增强对人文社会科学的兴趣，促进自身的思想观点、心理素质、价值取向和思维方式的改变。一位哲人曾说，“对大学生真正有价值的东西，是他周围的环境”。高品位的校园体育文化，可以弥补大学人文学科课堂教育的不足，增强群体向心力与凝聚力，还可以为大学生提供更多健身、娱乐、交流、沟通的机会。加强高校校园体育文化建设，是引导校园群体共同的价值认同、价值取向、心理特征、行为方式向良好方向发展的一种途径，是为大学生提供丰富营养和提高自身内涵的重要形式；校园体育文化活动，既能促进大学生文化素质和身心素质的提高，又能促进大学生学科专业的深化，相互促进，相得益彰。因此，加强高校校园体育文化建设，创造一种和谐有序、健康向上、文明和谐的育人环境与氛围，并形成良好的校风，是研究和发展高校校园文化建设的目的。

二、校园体育文化在高校校园文化建设中的地位与作用

高校校园体育文化是高校人文气息、文化氛围不可缺少的重要部分，是推动高校校园文化发展最有力的催化剂。体育运动是体育文化发展的主要载体，它不仅能起到增进健康、增强体质的作用，更重要的是在体育运动中所崇尚的一种公平竞争、团结协作的道德风尚；一种尊重自己、尊重他人、自强不息、自信不止的道德品质；一种促进相互交流、相互协作的精神，这正是我们所追求的人文精神。校园体育文化不仅具有丰富的体育知识，还能修身养性，传播健康方法，营造健康向上、积极活泼的校园文化氛围，给学生搭建充分展示才华和特长的平台。更重要的是丰富多彩的校园体育文化活动，还能培养学生的参与意识和组织能力，促进学生人格的完善和情感态度价值观的形成，并提高大学生的品德修养。在弘扬积极向上的校园体育文化的过程中，大学生在忘我的拼搏中，锻炼了意志品格，陶冶了情操，心灵得以净化，人格得以升华，这对身心健康将起到非常积极的作用。

黑龙江大学校长在谈到校园体育文化时说："体育给文化启蒙带来了很多东西，体育比赛中自由发挥的创造精神、挑战生理极限的挑战精神、服从团队和裁判的规则意识，都是现代人最重要的文化素质。正是因为这样，无论是从事体育运动还是观看体育比赛，都会对人有启发作用。文化校园建设是将课堂教学和其他方面融合起来，构成全方位的育人体系，而体育是这其中的重要部分。"体育及体育文化有利于培养人们顽强拼搏、勇攀高峰的精神品质，有利于弘扬团结合作、公平竞争的社会风尚，有利于树立民族自尊心、自信心和自豪感，有利于人们增强爱国主义、集体主义观念，有利于促进学生身心健康。总之，体育对振奋精神、增强学生的凝聚力、提高学生的道德品质、展示学校形象、提升学校的教育水平都具有重要的意义。

三、校园体育文化对形成良好校风具有促进作用

校园体育文化是存在于校园这一特定环境中的文化形态。公平竞争、团结协作、自强不息、自信不只是体育精神的精髓。“更快、更高、更强”“团结、友谊、进步”“重在参与”“公平竞争”等奥林匹克精神的魅力就深藏在体育文化的底蕴中。体育是校园中最活跃、参与人数最多、开展最广泛、持续时间最长、对人有极其深远的影响的文化活动。我国有不少高校通过营造校园体育文化，在校风、学风建设方面取得了显著成效。如三峡大学，学校以丰富多彩的活动为载体，着力营造人文、科学精神相结合的校园文化，使学校思想政治状况、宣传舆论氛围、师生文明素质、校园综合治理等方面均呈现出新气象，促进了教职员工的交流与沟通。尤其是在提倡素质教育的今天，高校的培养目标就是把大学生培养成集知识与技能、智慧与体魄为一体的全面型人才。总之，大学校园的人文气息和文化氛围深深地影响着一代又一代的大学生，弘扬“诚信、奋斗、进取、创新”的办学精神，对提升一个学校的办学层次和办学水平，具有十分重要的作用。在推动精神文明建设过程中，高校所形成的校园文化发挥了不可替代的作用。

四、校园体育文化具有促进大学生成长的作用

校园体育文化作为一种社会文化，是学校在长期的教学过程中逐步形成的，更是在广大师生的直接参与和精心培养下发展起来的。它对改善学生的智能结构，加强学校与社会的交往，传承、借鉴人类社会的文明，提高学生的积极性、主动性和创造性，促进教育改革的深入发展具有特殊的作用。丰富多彩的校园体育文化是挖掘学生潜能、开发学生智力、促进学生能力发展的广阔天地，是最受学生欢迎的一种群体文化形式，也是学生从“自然人”向“社会人”发展的“催化剂”。校园的体育文化生活使校园生活变得多姿多彩，有效地提高了师生员工的生活质量。

五、校园体育文化在人文素质教育中的作用

人文素质教育是以塑造人的精神境界、人格品位乃至民族精神为主要内容的教育。“人文素质教育的目的，主要是引导学生如何做人，包括如何处理人与自然、人与社会、人与人的关系以及自身的理性、情感、意念等方面的问题。”加强校园体育文化建设是实现文化启蒙的主要形式。校园文化直接影响

着人的思维品质、行为价值及认知能力的形成与发展。

近代以来，随着科学技术的发展，人类进入了科技时代，技术性淡化了人性，使人失去了对他人的热情与关怀，只为自己的名誉地位忙得不亦乐乎。传统的人文教育逐渐被专业技术教育所取代；“人”的培养逐渐被“才”的训练所取代。自20世纪60年代以来，科学技术的迅猛发展给人类带来巨大物质财富的同时，也带来了许多社会问题。由于忽视人的素质教育，产生了高科技与低素质的矛盾，例如，一些掌握高科技的人，由于素质上的缺陷，个性畸形发展，导致精神空虚，人格堕落，甚至异化为“经济动物”“智能强盗”，走向犯罪等，严重地扰乱了社会的秩序。因此加强人文素质教育，使科学教育人文化，以培养出高素质的科学技术人才是社会对高等教育的必然要求。世界各国的许多著名大学都注意到了这一问题，并试图加以改造，采取的必要措施，就是加强人文素质教育。

大学生不仅要学习文化科学知识，而且更应该具有社会公德和健康的心理。培养大学生树立正确的世界观、人生观和价值观，就要将文化素质教育作为切入点，努力提高校园体育文化的格调和品位；加强学生创新意识、创新能力、创业精神和实践能力的培养。高校要通过校园体育文化，加强素质教育，提高学生的思想道德素质、文化素质、专业素质、身体及心理素质，使大学生成为富有社会竞争力的群体。

体育文化的传播就是大力弘扬符合社会发展的人文精神。校园体育文化是维系校园团体的一种精神力量，在培育校园精神、促进精神文明建设、营造高校人文气息和人文氛围方面有重要的作用。因此高校要充分利用校园体育文化资源，以人为本，让师生通过参与校园体育文化活动，去了解社会、去接触社会，培养他们团结协作、顽强拼搏、勇于进取、尊重事实、崇尚理性的精神风貌，促进高校教学质量的提高和素质教育的全面贯彻实施。

第四节　新常态下高校校园体育文化的构建

长期以来，我国高校体育一直受生物体育观的影响，仅重视体育的育体功能，忽视了体育的育人和育心功能，没有把体育工作作为一项系统工程进行整体构思和实施，导致大学生体育锻炼意识淡薄、活动形式单一等现象，校园体育文化的功能与作用不能得到很好的发挥。

随着素质教育的深入开展，高等教育已进入提升质量、和谐发展的新常态阶段。新常态作为经济学领域重要的术语之一，是由美国太平洋基金管理公司总裁埃里安在2010年瑞士达沃斯世界经济论坛年会上提出的。所谓新常态是指由传统的非平衡、不可持续的发展方式转为优化再平衡、可持续的发展方式，形成相对稳定的发展状态。校园体育文化作为校园文化的组成部分，在高校素质教育中，能潜移默化地影响校园的每位教师和学生。胡启良对华中地区30所普通高校的校园体育文化进行了调查和研究，指出校园体育文化建设存在经费短缺、场馆利用率低等问题，体育精神文化还停留在育体的层面，育人、育心作用没有体现出来。他认为构建高校体育文化，学校领导应重视提高体育教师的业务素质，增强其他学科教师的体育锻炼积极性，加强校际体育活动交流。顾春先等对我国普通高校的校园体育文化建设现状进行了研究，认为校园体育文化建设要从树立终生体育思想，完善体育规章制度，发展体育传统项目等方面着手。李韶功对当下校园体育文化存在的问题及原因进行了分析，认为高校校园体育文化应该从加强体育设施建设、强化体育课程建设、丰富校园体育文化活动形式、形成特色体育赛事等方面进行构建。上述研究对我国高校校园体育文化建设起到了积极作用，促进了校园体育文化的建设和发展，但仍注重于外在的、形式的、物质的建设，忽视了校园体育文化建设的教育性和思想性。面对高等教育新常态，高校体育文化的外延和内涵得到了提升，高校校园体育文化正向人文化、多元化、创新化的方向发展，各高校应充分认识到校园体育文化的新内涵，以社会主义核心价值观为统领，结合本校自身实际，构建和谐的校园体育文化氛围，这对促进大学生思想观念和价值取向的改变以及心理素质的提升，对拓宽大学生的视野，提升大学生的人文道德素养具有深远的意义。

一、新常态下高校校园体育文化的结构

高校体育蕴含着人与人、人与社会、精神与物质等各个方面，高校校园体育文化的结构本质上是多元化的、不断更新变化的；其系统是开放的、动态的，是不断创新、发展的。新时期，高校校园体育文化的结构可划分为深层、中层和表层三个层次。深层即理念层，是校园体育文化的主体，主要蕴含体育道德、体育观念、体育风尚以及体育精神等，其核心部分是体育价值观，体育价值观决定了校园体育文化的方向和目标；中层即制度、行为层，是校园体育文化的中间层面，主要包含校园体育规范、体育传统等，它是校园体育的组织保障和体育意识的具体体现，校园体育文化的中层确立了体育教学、体育竞赛、体育训练、课外体育活动、体育宣传等的方法以及学生和教师的体育行为表现；表层即物质层，主要包括体育资讯、体育标志、经费投入、体育设施以及场地

面积等，表层是校园体育文化的基础，是广大教师和学生参与体育行为的物质保障。

高校校园体育文化各构成要素是相辅相成、相互依托、互相促进的。体育精神文化是核心，决定着校园体育文化的发展方向，是文化主体的主观愿望和文化品位的具体表现，体育制度文化和体育物质文化支撑着体育精神文化的产生和发展。

二、新常态下高校校园体育文化的内涵

习近平主席在2014年文艺工作座谈会上指出：中华优秀传统文化是我们在世界文化激荡中站稳脚跟的坚实根基，是涵养社会主义核心价值观的重要源泉，是中华民族的精神命脉。我们要结合新的时代条件传承和弘扬中华优秀传统文化，传承和弘扬中华美学精神。新时期，高校作为培养大学生的人文道德素养的重要基地，要适应新经济时代的发展，践行社会主义核心价值观，不断地丰富和完善校园文化的内涵。

高校校园体育文化作为校园文化的组成部分，既是体育文化的子系统、亚文化，也是素质教育与体育教育相互交融的产物，它与校园文化相互融合，进而在相互依托、相互影响、互相促进中发展起来。因此，高校校园体育文化有着丰富的内涵和外延。首先，校园体育文化与德育、智育、美育等文化构成校园文化群，它又与群众体育、社区体育、竞技体育等构成体育文化群。它的主体是大学生，主要内容是体育实践活动，主要空间是高校校园，体现出的主要特征是校园精神。其次，高校校园体育文化既是一种相对独立的体育文化形态，又是开放的系统的体育文化形式，它涉及高校校园精神文化、校园制度文化及行为文化、校园物质文化。其中，体育精神文化是深层、核心部分，体现出大学师生的体育价值观；体育物质文化是表层、基础部分，保证大学师生体育活动的有序开展；体育制度文化既是校园体育文化的组织形式，又是校园体育意识、行为规范的具体表现。因此，新常态下高校校园体育文化是在学校这个特定的区域内，以人为本，按照现阶段人才培养模式，根据体育教育基本规律和基本原则，创造性地设计和优化体育活动的复合型、多元化的群众体育文化。

三、新常态下高校校园体育文化的特性

随着我国知识经济和互联网事业的快速发展，我国校园文化迎来了新的机遇和挑战，校园体育文化的发展也有了新趋势、新特点。新形势下，高校校园

体育文化的主体应该由学校、教师和学生三者共同构成。

新常态下，高校校园体育文化的核心是增进学生的身心健康，各高校应全方位地对大学生开展体育文化教育。高校不仅要通过教学让大学生掌握体育的基本知识、基本技术和战术，达到锻炼身体的目的，更重要的是促进大学生的身心健康。因此，要注重在校园内为大学生开展丰富的课外体育活动和形式多样的健身项目。比如，在校内开展各种体育比赛活动，或者开展校际、市际、省际甚至国际的体育交流活动，包括丰富多彩的体育讲座和体育欣赏等快乐体育活动。通过全方位地开展校园体育文化活动，培养大学生的终身体育思想，逐步促进大学生体育意识的形成。

（一）高校校园体育文化的时代性

我国社会正处于转型期，高校校园体育文化具有时代性特征。目前，师生的思想观念和价值取向呈现出多元化的特征上，再加上中国传统校园体育文化和新理念相互交融，校园体育文化建设的时代特性越来越明显。因此，高校既要结合当前的中国社会经济发展状况，学习和借鉴兄弟院校先进的校园体育文化建设理念，又要继承和发扬传统的校园体育文化的精髓部分，根据区域特点，不断地去改进和创新校园体育文化。

（二）高校校园体育文化的开放性

社会文明造就了体育文化，体育文化又促进了社会文明。高校校园体育文化是一个开放的系统，其功能是一般体育俱乐部、体育协会等体育团体不可替代的。它以体育为内容，通过系部之间、院校之间、学校与社会之间不断的交流和互动，拓宽大学生的视野，提高学校的影响力；同时也增强大学生对社会的认识，并采用网络媒体等各种形式传播，直接或间接地影响群众体育、家庭体育和社会体育的内容、形式和氛围。另外，校际或国际体育竞赛，不仅能提高运动员的技术水平和运动能力，展示运动员的体育道德和体育风尚，而且还能展示学校的办学理念、综合实力和精神文明建设，积极地影响学校在社会上的形象和地位。可以说，校园体育文化是学校对外开放的重要窗口之一。

（三）高校校园体育文化的品牌性

随着高校校园体育文化的不断发展，现代学校根据自己的地域优势，打造属于自己的品牌。目前，创特色是学校建设和发展的一个重要目标，校园体育文化建设也同样如此，校园要想充满活力，只有创造出符合本校实际的校园体育文化。在完善和发展校园文化的同时，学校要根据自身的地域优势和体育文化优势，传承和发扬传统体育文化，并不断提升传统体育文化；还要结合区域优势，不断创新体育文化项目，学校要通过创新，使本校校园体育文化不同于其他高校，并使其成为自身独特的校园体育文化的标识。因此，新常态下构建高校校园体育文化的关键就是创建特色的校园体育文化。体育指导者应紧紧围绕本校的办学特色，注重宣传和引导大学生，充分发挥校园体育文化的功能，培养大学生的创新、奉献和团队精神，提高大学生的综合素质和能力。

四、新常态下构建高校校园体育文化的意义

校园体育文化是一种精神力量，在传承社会文明、营造和谐校园、培育校园精神方面有着特殊的作用，对提升大学生素质，提高大学生的学习积极性、主观能动性、创造性具有重要作用。

（一）增强大学生的凝聚力，培养大学生的向心力

作为校园文化组成部分的校园体育文化，具有与校园文化相同的特性，体现出的价值核心和价值取向与校园文化相吻合。大学生不仅是学校文化的创造者，同样也是校园文化的受益者，他们不知不觉地受到学校物质环境和精神氛围的熏陶，产生向心力，凝聚成一个团体，通过自己的行动融入校园文化中，并成为校园这个群体中的一分子。学生对校园文化精神的认可，在校园体育文化中也能表现出来。校园体育文化以体育实践活动为主要形式，而竞技氛围是体育实践活动的重要特征之一。大学生在体育竞赛（包括校内、校外）中，对学校或班级的这种归属感无疑就转化成在体育竞赛中争夺名次的荣誉感和使命感，从而体现出大学生的向心力和凝聚力。

（二）弘扬和传承传统体育文化

高校是弘扬和传承传统文化的重要阵地，具有保护民族优秀文化的责任，弘扬和传承传统体育文化能不断地丰富高校校园文化生活。传统体育活动的有序开展，能让大学生充分了解传统体育文化，既能增强大学生的民族意识，继承和发扬优良传统文化，又能激发大学生的历史责任感和使命感。

（三）培养学生终生体育思想

高校校园体育文化与正常的体育教学的功能有明显的区别，因为它具有特殊的功能，这种功能上的区别体现在：高校校园体育文化不仅仅是通过体育教学的方式让大学生掌握体育基本知识、基本技术和技能，更多的是让大学生在这种特殊的体育文化氛围中去独立自愿地体验体育魅力，从而掌握体育基本知

识、基本技术和技能，激发大学生参与体育活动的意识，让大学生深刻体会体育的意义，培养他们参加体育锻炼的习惯，最终达到终身体育思想的形成。

（四）有利于学生体育文化心理的形成

大学生体育文化心理的形成不是教师在体育课上教出来的，而是在潜移默化中逐渐形成的，是在整个校园体育文化大环境中产生的。体育文化心理一旦形成，大学生将会终身受益。在体育活动过程中，大学生通过运动转变观念，并产生情感共鸣，从而能对体育行为做出正确的价值判断。体育文化心理形成的过程就是将体育融入生活，真正有效地发挥体育活动在学习和生活中的积极调节作用，并形成健康的体育文化心理的过程。

五、构建校园体育文化应遵循的原则

（一）导向性原则

新时期，广大师生是高校校园体育文化的主体，“高层次”是高校校园体育文化的重要特点，主要表现在，生活方式高雅，情感追求高尚，体育活动项目高水准，体育活动设计高标准，等等。高校是学生走向社会的最后一站，同时高校是知识分子较为集中的场所，校园体育文化的内容、文化环境、文化氛围直接影响着师生的行为规范和精神风貌，因此，新时期高校要根据自身特点，以社会主义核心价值体系为统领，引领校园体育文化向着健康、积极、向上的轨道创新发展，帮助大学生形成科学的、正确的人生观、价值观、世界观，让大学生在校园体育文化大环境中实现自我表现、自我教育、自我管理。

（二）从实际出发原则

传统的体育文化和特色的体育文化有教育与引导、激励与凝聚的力量，它是高校体育形成的相对稳定的文化形态。各高校地理位置、所处地的气候不同，学校类型和办学条件不同，师生构成和培养目标不同，诸多因素差异决定了在构建校园体育文化时各校要应校情而为。因此，在校园体育文化建设过程中，各学校要从本校实际出发，结合学校发展和学生发展实际，充分发挥学校体育教育资源的作用，引导广大师生开展符合本校实际的体育活动，以体现本校的传统和特色。

（三）以人为本的原则

高校校园体育文化是人文教育的重要形式。校园体育文化建设应以广大师生为出发点和落脚点，以培养德、智、体全面发展的人为方向和目标，培育师生的参与意识、竞争意识、成功意识、团队精神和拼搏精神，并应积极促进大学生的认知能力、思想品质的形成与发展。因此，校园体育文化建设要以人为本，鼓励和发挥师生的创造精神，促进大学生全面发展。

（四）可持续发展原则

随着现代经济和社会生活方式的不断发展，社会对人才的需求也随之产生了变化，竞技体育、全民健身、终身体育等现代体育理念，对校园体育文化的建设和发展提出了更高的要求。因此，要使校园体育文化具有强大的生命力和鲜明的时代性，必须要用现代的、符合社会发展的体育观念进行动态分析，从而推动校园体育文化持续发展。

（五）多元化发展原则

校园体育文化的多样性是指校园体育文化活动具有丰富多彩的内容与形式。要使大学生全面发展，必须提供多元化的校园体育文化空间，为他们提供展示交流的平台。校园体育文化活动多元化，并形成具有自己特色的校园体育文化，会给校园文化带来生机和活力。

六、新常态下构建高校校园体育文化的思路

随着我国经济发展进入新常态，高校人才培养模式向应用型、复合型转变，校园体育文化建设也随之发生了变化。过去，体育管理部门或决策部门在进行校园体育文化建设时，把师资队伍建设和体育场地设施建设等放在重要位置。体育设施固然不可缺少，但更应该清楚，高校校园体育文化建设是一项庞大的系统工程，各个领域都要涉及。因此，构建高校校园体育文化要贯彻党的十八大精神，以社会主义核心价值观为指引，结合本校自身实际，用辩证的角度去分析，从而设计较为全面合理的高校校园体育文化建设思路。

（一）明确方向和目标

确立明确的目标是校园文化建设和发展的基本前提。高校校园体育文化作为校园文化的组成部分，在文化建设中也同样要明确目标。新常态下，高校在构建校园体育文化过程中，应以社会主义核心价值观为统领，贯彻“健康第一、以人文本”的教育理念。毛泽东同志曾在《体育之研究》中指出：“体者，载知识之本，寓道德之舍也。体育于吾人实占第一之位置，体强壮而后学问道德之进修勇而收效远。”可见，体育活动在校园建设中具有重要作用。体育活动

是营造学校文化氛围和弘扬学校体育人文精神的重要内容，是校园体育文化发展的主要载体，师生增强体质是通过体育活动来完成的。开展校园体育活动能促进校园文化的建设和发展，对构建和谐校园起着积极作用，尤其是校园体育精神文化中的体育观念有助于塑造校园精神。同时校园体育文化活动的开展，可以提高大学生互相合作、互相交流的能力，培养大学生公平、团结、和谐的道德规范，健全大学生的人格，引导大学生树立正确的价值观。

体育组织者应紧紧围绕学校的中心任务，营造出丰富多彩的、各种各样的并具有自身特点和特色的校园体育文化氛围，不断提高大学生的思想道德素养和科学文化水平。

（二）传统与创新相结合

随着各高校对校园体育文化的不断重视，许多高校依托传统体育项目来建设校园体育文化，并形成了浓郁的校园体育文化氛围。比如，清华大学的跳水项目、华侨大学的篮球项目、东北高校的冰雪项目等，这些学校利用本校的优势项目营造出了浓厚的校园体育文化氛围。目前，全国许多高校引进了一些新兴的体育项目，并作为体验课纳入学校体育课程的规划之中，如花鼓灯、舞狮、马术、拓展运动等，这些项目彰显了区域性特色和学校特色。

许多高校根据本校体育文化优势及办学条件，强化传统的体育文化，并结合自身实际情况，因地制宜地引进和开发新的体育项目，并打造学校的特色体育品牌项目，从而形成体育文化。

（三）紧密衔接社区体育和竞技体育

从全国高校来看，校园体育文化在内容上是开放的，在形式上也是开放的，开放的建设模式能使社区体育资源和学校体育资源形成共享，优势互补。一方面，高校培养的大学生将融入社会，并走向社区，把先进的健身理念、方法带到社区体育活动中，他们既是社区体育活动的指导者又是实践者，对社区体育起着积极的带动作用；另一方面，社区体育活动项目众多，形式多样，居民带着社区体育文化进入高校，丰富了校园体育文化。两种体育文化相互交融，可以促进大学生终身体育思想的形成。

当前，高校开展高水平的运动已成为国家的一种战略模式，竞技项目走进校园已呈趋势。现阶段，许多高水平的运动员都是大学生，像中国乒乓球队、体操队的运动员。运动员接受高校教育，既能丰富他们的理论知识，又能创新高校校园体育文化，形成浓郁的高水平体育文化氛围，从而推动高校校园体育文化的建设与创新发展，促进竞技体育项目在高校开展。

（四）完善体育制度和健全管理机制

建立强有力的校园体育文化制度是校园体育文化建设的组织保证。完善的体育规章制度和健全的体育管理机制，可以使校园体育文化建设朝着健康的方向发展。校园体育文化有了规范化、科学化的管理制度，可以规范大学生的行为，营造积极向上的校园文化氛围，潜移默化地引导大学生形成正确的人生观、价值观和世界观，促进校园体育物质文化和精神文化的健康发展。新时期，在构建校园体育制度文化时，要注意以下三个方面。一是制定制度要多方位、全面化。制定制度要考虑全面，要以全校师生积极主动、创造性地参与校园体育活动为前提，并且要处理好体育文化中课外文化与课内文化、教学文化与训练文化以及校园体育文化与学校其他文化之间的关系。二是制定制度要具体化、明确化，便于操作。人们的行为是通过规章制度来约束的，哪些能做，哪些不能做，应该做什么，必须要具体明确地规定，不能含糊不清。制定的制度应让人一目了然，且制度的针对性、操作性要强，能依此开展活动。三是制定制度要有导向性。制定的制度既要保证体育文化活动合理开展，又要引导体育文化活动开展。在构建校园体育文化过程中，体育制度文化既能规范体育活动者的行为，又起到了导向作用，从而引导高校校园体育文化向健康、持续、和谐的方向发展。

第五节　高校校园体育文化的传播模式

高校校园体育文化是校园文化的重要组成部分，本节通过分析高校校园体育文化传播的现状，研究高校校园体育文化的传播模式，以期为校园体育文化的传播贡献力量。

一、高校校园体育文化传播的现状分析

高校校园体育文化是高校师生在体育文化活动中所创造出的物质财富和精神财富的总和。长期以来，我国高校体育一直受生物体育观的影响，仅重视育体，忽视了体育的育人和育心功能，没有把体育工作作为一项系统工程进行整体构思和实施，导致大学生体育锻炼意识淡薄、活动形式单一，校园体育文化的作用不能得到很好的发挥。

随着我国高等教育向着大众化的方向迈进，新形势下素质教育和健康教育目标确立的现代教育理念促使高等学校体育的含义由过去单纯的生物学意义，

正以一种文化传播的形式向社会学意义广泛地延伸。已有研究结果表明，当前有关高校体育文化内涵的研究较多，而有关新形势下高校体育文化传播模式的研究并不多见。尤其是在新媒体背景下，高等学校如何利用更贴近学生生活实际的传播媒体，对高校校园体育文化进行传播，更好地对学生进行体育精神的培养和熏陶，使学生在了解体育、参与体育、享受体育的同时自觉接受人文熏染和人格塑造，成为目前高校体育教育必须思考和研究的课题。

二、高校校园体育文化的传播模式研究

（一）树立体育是一种文化的理念，“以学生为本”

高校应提高认识，加大宣传。校园体育文化对学生有直接的导向作用，深刻地影响着大学生的价值取向、心理趋向和行为规范。“体育是一种文化”，它所具有的社会学价值，是我们进行体育文化宣传，构建校园体育文化环境的基础。中国特色社会主义发展道路非常注重人的发展，“以人为本”是社会发展的核心理念，在高校校园体育文化的传播过程中，要把“以人为本”的理念融入体育报道和体育文化传播的内容中去，指引未来体育文化的科学发展方向。中国拥有上下五千年的优秀文化精髓，体育文化在传播和发展过程中更要注重优秀文化的继承和传承，以达到实现人的全面发展的目的。因此，创新体育文化传播模式首先要重视人性与文化的完美结合。在互联网时代，要积极地引导大众拥有健康的体育情操，这就更加需要将人性与文化完美结合起来以创新体育文化传播的发展模式。

（二）加强体育课程建设，丰富学生的课外体育活动

体育课程是校园体育文化的重要组成部分，它包括体育课和课外体育活动。体育课是高校组织学生学习体育理论知识、体育技术技能，培养学生体育意识，促进其身心和谐发展的重要途径，它有严密的组织形式。学校可以利用体育课加强体育文化的宣传，介绍体育文化。高校要通过体育课的教学，使学生了解体育基础知识、体育保健知识等，让其掌握基本运动技能、身体娱乐技能、身体锻炼技能等，提高学生的体育参与意识、竞争和合作的意识。课外体育活动是高校宣传校园体育文化的主要途径，各高校可以根据具体情况，充分利用体育场馆和师资，采用适合本校的方式开展课外体育锻炼和体育文化活动，要认识到体育文化活动对提高学生的锻炼意识和积极性具有重要作用，切实处理好课外体育锻炼和体育文化活动的关系，既要完成身体锻炼的任务，又要活跃课

外体育活动。譬如，某校在体育课堂融入儿歌创编操，丰富了课堂体育活动，也为学生以后的发展奠定了基础。高校应坚持拓展生态体育课程，大力开展形式多样、内容丰富的课外体育活动，扩大体育活动区域，在教学内容的选择上要淡化竞技性，注重科学性、实效性，增加娱乐性、趣味性，这样既能完成教学任务，又能活跃大学生的课余文化生活，促进大学生体育文化修养的提高。

（三）通过校园网络传播体育文化，整合各种体育文化传播途径

体育文化传播的途径如今多种多样，包括各类体育组织、体育大众传媒等，但是体育文化的传播形式和内容大相径庭，创新体育文化的传播模式，需要整合体育文化的传播途径和资源，促进体育文化的和谐发展。高校应对体育文化的传播模式进行整合，将校园体育文化传播收益提高到最大化，节约人力、物力和财力，同时可以使高校校园体育传播组织和传媒进行有效的沟通；建立高校校园体育文化传播业余协会，协会定期组织体育爱好者进行学习，并举办交流会；对当前体育界表现出的体育热点问题和最受关注的体育实践进行系列的报道，分享成功的案例，对宣传体育文化的成功案例进行奖励；让每个体育爱好者在校园也能感受到体育文化的魅力；通过微信、微博等新媒体积极传播高校校园体育文化，让更多的学生爱上体育，爱上运动。

（四）积极开展校园体育文化节，建设有特色的高校校园体育文化

每所高校都有着不同的文化底蕴、历史渊源和发展趋势，并且所处的地理环境和拥有的气候条件也各异，高校要根据自身的办学定位、办学特色、师生结构以及人才培养方案等，构建别具一格的体育文化品牌。

高校校园体育文化节在一定程度上是构建有特色的校园体育文化的最有效的形式之一，是“弘扬体育精神、倡导人文关怀”的重要手段，是传播体育价值观念的最佳载体。高校校园体育文化节具有浓郁的节日气氛，高校要运用独特的方式展示师生的精神风貌，让师生体验、享受运动的快乐，营造“团结向上、健康文明、高雅清新”的高校校园体育文化氛围和良好的德育教育环境，力求达到健身、健心的目标，通过体育文化节的举办形成本校的体育传统并留传下去。

随着社会的发展和科学技术的不断进步，高校校园体育文化传播作为一种必然的社会现象，日益发挥着其巨大的作用。高校体育文化的传播应重视人性与文化的完美结合，体育文化传播模式在创新中，应突出人性的光辉面和体育的内在价值，高校应适度开展集体、个人、利益、荣誉等多角度、多领域的讨论。新媒体时代的体育文化传播途径多种多样、各有所长，相互之间存在一定

的融合及冲突，发展创新传播模式应该充分利用其共通性，打造全新的平台，同时兼顾专业与大众的文化特性。高校体育文化的受众十分广泛，既有专业的体育从业人员，也有学生、老师，体育文化传播模式应该兼顾这些群体，尽可能培育广泛的受众群体；还要注意健全体育文化传播监管机制，微博、微信等平台的自由性较高，长期缺乏监管导致新型网络谣言、诽谤现象频发，对公众人物造成了较大的伤害，相关领域的立法及监管工作应该迅速得到落实。因此，只有建立科学、合理的具有中国特色的高校校园文化传播模式，才能充分利用传播促进体育社会化、科学化和现代化。

第四章　高校校园体育文化建设创新研究

第一节　高校校园体育文化建设对构建和谐校园的意义

党的十八大提出，倡导富强、民主、文明、和谐，倡导自由、平等、公正、法治，倡导爱国、敬业、诚信、友善，积极培育和践行社会主义核心价值观。“和谐”虽然是国家层面的价值目标，然而，作为全新的社会价值要求，放之于任何一个层面都是应该努力追求的建设目标。高校作为培养高等学科人才的摇篮，理应将自身的精神文明建设摆放到一个更高层次的位置。本节在此背景下，主要探讨了高校体育文化建设对构建和谐校园的重要意义。

一、体育文化建设与和谐校园建设

和谐校园，不仅是强调作为单独的个体校园的和谐，更是强调作为国家高等教育的最关键阶段的整体和谐。从横向讲，和谐校园不仅仅强调宏观校园本身的和谐，更应强调作为校园鲜活主体的大学生的和谐。因此，我们就不能回避高校和谐校园的内涵。笔者认为，和谐校园至少应包含不同层次的3方面的内容：一是学校内部学生之间的关系，应该形成一种团结合作的良性互助关系；二是高校内部各院系之间应形成一种良性竞争的默契，旨在锻炼不同学科的师生的竞争能力；三是学校应该秉承“育人”的本质要求，成为能担责任的为社会输送人才的机构。因此，谈和谐校园的建设就离不开和谐的文化建设。简单地说，就是离不开关系，离不开学生，离不开教师，以及离不开他们之间的合作与交流。体育，作为“德智体美劳”要求的重要方面，是最具凝聚力的一项育人手段。高校体育文化本身就是校园文化的一部分，是指高校校园内所出现的一种特定的体育文化氛围，是校园文化和体育文化两者相互影响、融合、渗透、促进而发展起来的。高校体育文化建设是以学校自身的教学方针为基础，以学校的全部师生为主体，综合多种多样的体育锻炼方式，旨在提升广大师生的参与与协作能力的一种团队文化建设。它不同于其他文化建设，参与到体育文化建设当中本身就是一种锻炼与获得提升的重要方面。

我们可以看到，在地位上，高校体育文化建设本身就是校园和谐建设的一个重要方面，而体育文化建设又是最能体现校园和谐的一个方面。

二、体育文化建设对和谐校园建设的意义

体育文化建设与高校和谐校园建设是不冲突的，反而对其是有利的。因为体育文化建设符合和谐校园建设的全部要求，并且能够有效地解决目前高校内部存在的各种各样的问题，特别是对于大学生各项能力的提升有着不可代替的作用。

（一）健全大学生心理

大学生群体往往离家较远，且往往是孤独的，因而在自身社会前途不好的情况下，容易陷入悲观情绪。而高校校园体育活动的开展有助于增强大学生的心理素质，提高他们适应社会的能力。体育文化建设的特殊性，使不同的体育锻炼方式能够满足具有不同需求的大学生，当积极地把体育文化纳入体育锻炼当中后，学生就能感知到运动的快乐，并能得到其他同学的祝福与鼓励，同时这也是一种发现自己特长的方式，能获得相应的满足感。首先，体育的娱乐性能够让参与者以一种较为轻松的姿态和方式参与到运动中，从而暂时忘掉烦恼；其次，学生通过体育锻炼，与他人竞争，能够交到朋友，这是一种交友的快捷方式；最后，学生在体育运动当中，通过自身努力，完成运动量，即一种克服困难的过程，有利于大学生理解困难并在今后的生活与学习中战胜困难。

（二）培养大学生的创新能力

体育文化建设不仅仅是一种简单的体育锻炼方式，更是一种需要容纳高校师生的一种文化建设制度。因此，就需要结合学校自身的文化，并考虑到不同院系的价值观和利益追求，在共同实现体育锻炼这个目标上融合与突破。在丰富各项体育文化活动的同时，大学生自身的创新能力也能得到锻炼。

（三）提升大学生的参与、协作能力

大学生陷入悲观情绪的根源在于学校放弃了与社会的交流，没有认清楚社会上企业的真正需求，从而未能发现大学生的真正需求。学校在学生与社会之间应扮演一种平衡的角色，旨在将大学生锻炼成社会真正需要的人，这样高校

本身才能实现与社会的和谐。加强大学生的体育文化建设，能使学生在体育活动中不断地与他人交流与合作，这是一种自身综合素质的提高，正是社会所需要的。

（四）实现和谐校园的独特文化循环

通过实现全校不同院系及不同院系师生之间的交流与互动，学校内部形成了一种健康的体育文化交流之风。各院系之间不仅达成了和谐，并且在和谐的基础上实现了竞争。这有利于高校内部各院系的和谐共生与良性互动。首先，这种体育文化建设是一种文化制度，能够长期坚持并实行下去；其次，通过加强体育文化建设，学生的心理进一步成熟，身体素质得到进一步提高，欣赏水平也得到了更高层次的锻炼；最后，高校的精神和价值观得到了丰富，通过体育活动这一实践形式，这种精神得到了进一步的确定。

第二节　生命教育视野下高校校园体育文化建设

高校校园体育文化建设与生命教育具有内在契合性，二者统一于高校培养全面发展的高素质人才的教育实践。当前，高校校园体育文化建设中生命教育被弱化，生命教育的内容欠缺系统性、载体与方法僵化等问题突出，造成了校园体育文化建设与生命教育缺乏有效协同。因此，在高校校园体育文化建设过程中，应积极探索生命教育的长效机制，并发挥校园体育文化活动的主渠道作用，提升其生命教育的感召力；挖掘生命教育资源，提升高校体育文化建设的实践应用性；完善校园体育文化建设与生命教育的融合体系，增强互补实效。

教育的逻辑起点和终极目的是生命，体育的核心价值也在于关怀生命。作为大学教育重要组成部分的校园体育文化建设，对于加强和改进大学生生命教育，全面提高大学生综合素质具有重要的作用。

一、高校校园体育文化建设与生命教育的关系概述

高校校园体育文化的发展与建设应该围绕高校人才培养的目标，并符合促进大学生积极发展与健康成长的客观要求，以此实现其教育价值与功能。因此，在我们积极探索高校校园体育文化建设的过程中，应该积极关注大学生这个参与主体，全面挖掘校园体育的文化内涵和精神特质。当前高校校园体育在物化层面随着教学设施的改善，取得了长足的发展，但是在制度与精神层面还有待加强与完善。这既需要进一步强化校园体育文化的教育功能，也需要与高校各

种教育资源进行有机整合，完成各种成分的协调统一，形成合力，构建一个生动有效的育人体系。

生命教育的兴起与现代社会中人的生命价值观异化现象密切相关。生命教育是指依据生命的特征，遵循生命发展的规律，以学生自身潜在的生命基质为基础，通过选择优良的教育方式唤醒生命意识、启迪精神世界、开发生命潜能、提升生命质量、关注生命的整体发展。生命教育旨在帮助青少年学生认识生命的意义与价值，学会珍惜与尊重生命，使学生获得全面的发展，是一种以人为本的教育。从理论层面来看，生命教育既可以统指与青少年生命有关的教育，也指向青少年生命成长历程中具体的问题的教育。在实践层面，生命教育传播的是有关自然生命成长与发展的生理知识，传授的是适应现代社会生活的生存技能，主要解决的是青少年学生的不良问题，以及从学校教育体系中探索生命教育改革及发展对策。从国内应用现状来看，我国不少省市开展了一系列富有特色与创造性的生命教育行动。

在大学校园里，大学生由心理健康与情绪障碍所引发的各种问题也层出不穷。一项关于大学生的心理健康状况的调查报告显示，有心理问题的总检出率为 63%，其中 27% 的学生有严重或明显的心理问题，如抑郁症、强迫症、焦虑症和神经衰弱等。大学生生命价值观异化与危机的出现是对当代高等教育的拷问，需要回归“以人为本”的生命教育精神，真正促进大学生的健康成长与成才，培养符合社会发展趋势的高素质人才。高校生命教育的迅速发展，既是大学生适应身心健康发展的需要，也是提高大学生的生命意识的必要选择。就当前高校生命教育实践而言，关键在于如何提升生命教育质量。

高校教育的根本目标在于“育人”。在高校教育体系中，校园体育文化建设与生命教育两者在形式上有所区别，但是它们在目标的设定上面是一致的。因此，从“育人”的教育目的来看，校园体育文化建设与生命教育具有内在的契合性。

高校校园体育文化自身具有无可替代的生命教育功能。体育文化活动是高校的育人目标追求与大学生身心全面协调发展相结合的实践基点。丰富多彩的校园体育文化活动为大学生搭建了发展自我的平台，促进大学生素质得到了全面的提升。校园体育文化营造出了积极的校园文化氛围，对大学生的身心素质的发展起着不可替代的作用。校园体育长期积淀的精神文化，如公平地竞争，奋发进取的作风、和谐的人际关系，有利于塑造大学生良好的社会适应力。由此可见，校园体育文化建设是生命教育的重要载体和平台。

生命教育是校园体育文化建设的重要目的与任务。校园体育文化建设是新时期高校育人工作的重要环节。把生命教育积极融入高校校园体育文化建设中，体现了体育文化活动的生命教育功能。高校校园体育文化的生命教育功能体现在对大学生意志品质、情操、心理调节、艺术审美、社会化等各种素质的培养方面。把生命教育作为校园体育文化建设的重要目的，就是让大学生在校园体育文化活动中体验到生命的活力与意义。遵循生命教育价值理念，以生命教育引领高校体育文化建设，即把校园体育文化作为高校生命教育的优良载体，让生命教育理念渗透到大学生喜闻乐见的体育文化活动中，充分挖掘体育文化活动作为对大学生进行生命教育的主渠道的作用。

高校校园体育文化建设和生命教育存在着密切的联系，正确理解二者在促进大学生身心素质发展方面的辩证统一关系，是有效利用校园体育文化促进生命教育的基础。

二、当前高校校园体育文化建设与生命教育中存在的问题

（一）生命教育的内容欠缺系统性，载体与方法僵化

生命教育在高校受到了越来越多的关注，但是目前开设专门的生命教育课程的高校还较少。生命教育在课程设置、教材建设、教学大纲、师资配备等方面尚未形成科学的体系，滞后于生命教育现实需求。生命教育内容的系统性不够，往往穿插于心理健康教育、思想政治教育、伦理学或者哲学等通识课程之中，被严重地边缘化或弱化。这种碎片化的生命教育在有限的课堂教学过程中，缺乏活力与效率，很难取得较好的教学效果。此外，高校对有关生命教育的知识宣讲的投入不足、宣传途径有限，心理咨询活动往往流于形式，其教育作用日益淡化。

当前高校生命教育的载体、渠道单一，讲座与心理咨询是生命教育的主要渠道与重要载体，缺乏体验性与实效性。生命教育呈现为空洞的理论说教，教育方法简单且过于僵化，不能激发学生的兴趣，很难发挥其应有的教育作用，不能帮助大学生树立健康的生命观，因而不可避免地影响了生命教育的实效性。

（二）校园体育文化建设中的生命教育被弱化

体育的实质是呵护与尊重青少年学生的生命发展，体育因符合教育的真意而得到了普遍认可。体育蕴含了丰富的生命教育内涵，可以说体育是非常注重生命体验的教育活动，具有其他生命教育形式所没有的特点与优势。因此，高

校体育文化建设具有较强的生命化价值取向。而事实上，当下高等教育中生命教育意识和理念严重匮乏，坚守传授更多知识为目标，过多强调专业素质和社会竞争力，往往忽略大学生生存观的形成和个体意志、性格、情感的多样性。高校体育文化建设的工具理性在不断强化，而有关生命发展的价值理性却在不断地弱化。高校往往关注校园体育文化的娱乐性，将校园体育文化建设视为丰富大学生课余生活的休闲文化活动，没有将其放到完善大学生生命价值观的高度，反而降低了校园体育文化活动的层次性。

（三）校园体育文化建设过程娱乐化，弱化了大学生身体素质的培养

多年来，高校校园体育文化建设的目标定位于丰富大学生的课余文化生活，校园内广泛开展的体育文化活动也难免凸显娱乐性。为了吸引更多的学生参与各项体育文化活动，在其建设过程中也出现了过分强调体育文化活动的娱乐功能的现象，从而弱化了体育文化的教育性。体育文化的教育功能首在强身健体，高校在体育文化的内容方面减少了身体素质练习。身体素质练习枯燥无味，若非体育专业学生，或者健身爱好者，在课外的体育活动中难以得到快乐。因此，很多校园体育文化的活动形式将体育弱化为追求热闹、追求刺激、追求新颖的娱乐方式。各类趣味运动项目，以及打打闹闹的小游戏成为校园体育文化的重要形式。体育文化具有娱乐的性质是毋庸置疑的，但是校园体育文化仅仅是为了给学生带来享受娱乐的快感，仅仅是为了消除学生的无聊感，便会淡薄体育文化在增强体质方面的功能。这会影响到学生体质的发展，因为除高校开设的体育课外，校园体育文化对发展学生身体素质起着重要的引导作用。片面追求娱乐化，弱化校园体育文化无疑是舍本逐末。

（四）校园体育文化建设内容庸俗化，弱化了对大学生文化素养的培养

校园体育文化除了其健身功能，它的思想性、哲理性、艺术审美性也是不容忽视的。校园体育文化建设更高的境界在于实现其文化性，乃至审美性。优良的校园文化应该以体现和弘扬真善美的价值观为指导，给学生以文化滋养，提升其文化艺术审美趣味。校园体育文化建设也应该杜绝庸俗化的内容滋生与蔓延，将市井文化、快餐文化、消费文化以及消遣文化拒之门外。杜绝校园体育文化的庸俗化，就是要优化校园体育文化建设的环境，引导学生沿着积极阳光、健康正确的道路前进，呼应高等教育对新时代学生的文化素养教育。校园体育文化是优质的文化素养教育源泉。因此，校园体育文化建设也就要求校园体育文化发掘自身的文化意蕴，构筑文化传统，加强文化氛围建设。当前，校园体育文化建设的重点在于打造优质的校园体育文化品牌，形成与学校育人品

格相适应的体育文化氛围。这样就能有效克服同质化的校园体育文化活动，使之去庸俗化，增添人文气息。在一个缺乏人文内涵的校园体育文化环境中，校园体育活动失去了生机，缺乏人文素养的关怀，难以满足学生通过体育文化提升人文素养的需求。

（五）校园体育文化建设状态封闭化，弱化了大学生社交能力的培养

我们往往将校园体育文化建设的物理场域限定在校园范围之内，而校园体育文化活动的开展应该突破校园物理场域的范围。学校教育的目的在育人，应该充分利用各种资源，使之形成合力推动学校的人才培养工作。这就需要校园体育文化突破在高校校园的范围和文化上的隔膜。当前，校园体育文化活动的主体都是学校师生，其活动也是在校园的小圈子中进行，切断了与社会的联系。高校所构筑的“象牙塔”在一定程度上构筑了学生成长的理想环境，但是减少了学生与外界的联系，会不利于学生的实践能力、社会交往能力的发展与提高。体育活动是增加人际交往的重要途径，校园体育文化建设也可以拓宽校园体育文化活动的边界，可以将校园体育文化活动与社区建设联谊，以及与城市体育文化建设开展广泛的联系。这可以有效地引导学生对社会进行全面、深刻的理解与认识，正确处理自我与社会的关系。

三、高校校园体育文化建设与生命教育融合的路径探索

（一）健全高校校园体育文化建设的生命教育机制

促进高校体育文化建设与生命教育的融合发展，首先需要强化体育文化活动的内化机制与调节机制。大学生是生命教育的主体，也是校园体育文化建设的主体。大学生参加各种校园体育文化活动，不仅锻炼了身体素质、提高了心理品质，也促使他们积极适应校园生活。他们在体育活动中创造了各种表现自己的机会，提高了自我效能，加深了自我认识，学会了尊重他人，丰富了同学友谊，提高了合作交往能力以及自我管理等方面的能力。

其次，应加强生命教育的长效机制建设，在高校体育文化建设中丰富和发展生命教育的内容体系。发挥体育文化活动的主渠道作用推进生命教育，在校园体育文化活动中深化生命教育，有针对性地开展生命教育的主题活动，提高大学生的生命体验。

（二）构建校园体育文化建设与生命教育融合体系，增强互补实效

当前高校体育文化建设与生命教育平行发展，缺少必要的融合机制。首先，

需要夯实校园体育文化建设与生命教育融合的理论基础，强化综合育人的基础。加强高校体育文化建设与生命教育在目标与内容方面的整合，拓展融合发展的途径，进而形成自身的生命教育理念与话语体系。其次，应有计划地开展各种生命化的校园体育文化活动，增强校园体育文化建设与生命教育融合的普适性。最后，需要重构彼此之间的融合体系，基于大学生身心全面发展的需求，以实现校园体育文化活动生命化价值取向、增强生命教育实效为基点，破解融合发展瓶颈，对接大学生现实生命自由发展与文化实践活动需求。

（三）发挥校园体育文化活动的主渠道作用，提升其生命教育的感召力

校园体育文化活动蕴含着丰富的生命教育基质与内容，能够承载生命教育的功能，并以体验式的活动提升生命教育的实效性。通过激发高校体育社团组织的创造力可有效推动生命教育的持续发展。高校应积极搭建平台、配备资源，通过举办各种校园体育文化活动，发挥生命教育隐蔽性的感化教育功能；积极鼓励学生体育社团组织以各种形式的体育竞赛、体育训练与展演，引导大学生感受生命存在的价值与意义。

（四）挖掘生命教育资源，提升高校体育文化建设的实践应用性

高校体育文化建设应注重对生命教育资源的有效整合，充分发挥生命教育的开发功能，提高整体育人的效果。将生命教育渗透到校园体育文化活动中，要坚持以实践体验为主，以生动形象的运动情景教育活动，促进大学生的全面发展。生命教育的本质是提升人的生命质量和实现人的生命价值，促进人自由和谐地发展。通过挖掘生命教育资源，充实高校体育文化建设的内容，提高大学生对生命意义的体验，帮助大学生树立积极、健康的生命价值观。明确生命教育的指导思想，积极探索高校校园体育文化建设与生命教育相结合的一体化模式。从学院、班级与个人层面开展各种生命化教育的校园体育文化主题活动。通过学校与学院的引导与激励，促进大学生树立积极健康的生命观；班级可以发挥凝聚性与示范性的生命教育价值功能；个人通过参与体育活动能够增强自我效能感，树立自信心，不断提高自我生命意识。

生命教育是高校体育文化建设的重要目的和任务，校园体育文化建设是高校生命教育的重要载体与平台。因此，在高校体育文化建设中，应坚持生命化教育理念的指导，通过学生喜闻乐见的、富有生命力的体育文化活动，全面提升高校生命教育的实效性，努力实现高校人才培养的目标。

第三节　高校校园体育文化建设对大学生体育生活化的影响

高校校园体育文化一直以来都是各大高校文化建设的重要内容。高校对于校园体育文化的建设程度直接关系到大学生体育生活化的程度。如果高校合理建设校园体育文化，大学生更可能将体育融入生活。可以从精神、物质、制度、行为四个维度来探讨大学生体育生活化的具体建设，以积极促成大学生的体育自觉性。

“体育生活化”对大众来说并不是一个陌生的词，我国很早就出台过一些政策来鼓励高校建立相关的体育文化。“体育生活化”很好地迎合了大众的需求。生活节奏的加快导致人们运动的时间越来越少，这极大地影响了人们的健康，渐渐地，人们也开始重视起体育锻炼，并改变之前的生活方式，接受体育生活化这一生活方式。

一、高校体育文化概念的含义

高校体育文化实际上是一种教育目标，为实现这种教育目标高校师生要积极配合。高校体育文化更是类似于将体育和教育结合的一种教学形式，它以大学生为主体，利用各种方法，锻炼大学生的体育锻炼能力，并培养大学生的锻炼习惯。

二、体育生活化概念的含义

多数学者认为，体育生活化实际上是指人们在各种健康观念的影响下，形成的一种在日常生活中出现的行为习惯。体育生活化顾名思义就是将体育和生活相结合的一种生活方式，这种生活方式是当下最流行的一种生活方式，更具有大众化的特质。

三、高校体育文化建设对于学生体育生活化的影响

（一）培养大学生的体育价值观，对体育生活化起引领作用

高校的体育精神文化往往表现为学校办学理念中所体现的对于体育文化的态度。这种精神更是影响着全面人才的形成。很多学校仅仅着重培养学生的知

识素养，但知识素养的形成不足以判断一个学生优秀与否，因此学校还需要培养学生的体育知识素养。体育文化精神是大学生体育生活化的主要向导，它支撑着体育文化的丰富和发展，体育精神还关系大学生能否健康、阳光、全面地发展，是非常重要的。因此，高校需要加大体育精神文化建设，务必使每个学生都具有这种精神品质，帮助学生培养体育价值观。另外，各高校可以在校园内贴各种类似体育精神的标语，并经常组织学生参加体育活动，务必潜移默化地让学生接受这种理念。

（二）建设校园物质文化，对体育生活化起保障作用

校园的物质文化环境是大学生进行文化学习以及文化传播的主要场所，也是体育生活化的主要保障。高校体育文化建设的投入包括优秀体育教师的聘用、体育场地的选用以及体育设施的采买等。同时，学生能否进行体育活动依赖于学校能否提供好的体育场所，以及能否提供好的体育设施，故在校园体育场地及设施的建设中，学校需要考虑到学生的多样化需求，设计出多层次的体育设施。

（三）建设体育制度文化，对体育生活化起规范作用

体育制度文化更多的是作为一种监督学生进行体育文化活动的方式来建立的。体育制度文化的建设能够更好地规范体育生活化，对各种体育活动都赋予一种文字化说明，这种说明可以帮助学生更好地理解这种体育活动，并且帮助学生更好地进行体育活动。高校可以相应地进行一些体育教育改革，鼓励学生进行体育活动，也可以相应地设置一些奖励来激励学生进行体育锻炼，如学生完成一定时间的体育活动后可以给学生一定学分的奖励。体育的考核也可以作为期末考核的一种。

（四）建设体育实践氛围，对体育生活化起落实作用

校园体育文化的建设可以作为一种校园精神面貌的反映，在体育实践的过程中，更多地反映了一所高校的体育教学理念，以及高校对于体育精神文化的追求，反映整所学校对于体育生活化的执行情况。在整体的教学过程中，教师应该积极引导学生进行体育活动，也可以和学生一起参与体育活动。而且组织一些体育实践活动时，可以采用新颖的体育教学方法，更多地突出学生在教学过程中的主导地位。并且，在教学过程中可以适当地运用当前的信息技术辅助教学。

在当前的教育形势下，急需一些具有全面发展能力的人才来建设国家，因此各大高校需要积极响应国家的号召，积极建设校园体育文化，并培养大学生的体育习惯，更好地贯彻大学生体育生活化的方针。

第四节 休闲体育对高校校园体育文化建设的影响

本节从休闲体育的定义、特征等入手，着重阐述休闲体育对高校校园体育文化建设的积极作用，旨在加深大学生对休闲体育的认识程度，引导学生树立正确的体育价值观，培养学生终身体育的意识。

大学生有较强的独立性、自主性及自我控制能力，而且有较多的闲暇时间，但是据调查，我国大学生的体质近 20 年呈下降趋势，尽管近十年来下降趋势有所减缓，但这一现象仍引起了广大专家、学者的关注。休闲体育是社会生产技术和生活方式变迁的必然结果，是人类社会物质和精神文明发展到一定阶段的产物。以休闲体育的兴起为契机，高校校园体育文化建设又迎来了新的发展，但休闲体育的兴起是否能减缓甚至改变大学生体质下降的现状还有待商榷。

一、休闲体育的定义

休闲体育是以满足人们的休闲需要为价值取向的各种体育活动。但也有人认为休闲体育是一种体育思想，还有人把余暇体育称为余暇运动或运动休闲。对休闲体育广义的理解是，用于娱乐休闲的各种体育活动；对休闲体育狭义的理解是，指人们在余暇时间所进行的，以满足自身发展需要和愉悦身心为主要目的的，具有一定文化品位的体育活动。

根据对休闲体育概念的理解，笔者认为，休闲体育是人们利用闲暇时间，根据自身的兴趣、爱好及身体状况，以身体活动为主要形式，以满足自身发展需求和愉悦身心为主要目的的体育活动参与方式和生活方式。

二、休闲体育的特征

休闲体育的内容丰富多彩，各种体育活动都可能是休闲项目（不管是竞技的还是非竞技的），各种活动都是休闲的潜在资源。如果参与者以追求自身体验或者释放压力的心态去参与，即使激烈的项目对他而言也只是一种休闲活动而已。由此可见，一项体育活动是否属于休闲项目是由参与者的心态决定的。

休闲体育的组织形式多种多样，可以是个人活动、小组活动、班级活动、年级活动甚至是全校性的活动，也可以是寝室活动、兴趣小组活动及各种社团活动；可以以竞赛的形式进行也可以以非竞赛的形式进行。

兴趣是最好的老师，它能调动起人的生命力跟活力，使大家对自己所从事的活动乐此不疲，从而引出对事物的体验，对问题的思考。在休闲体育项目的选择上，“一千个读者就有一千个哈姆雷特”，人们对体育价值观的认识程度决定了参与目的的多样性及需求的多样性。

大学生参加休闲体育活动的主要目的是，强身健体、丰富课外生活、释放学业带来的压力、加强人与人之间的沟通，增强团队合作意识及团队凝聚力等，这说明大部分大学生已经意识到了休闲体育活动对人的发展的促进作用。在项目的选择上，男生一般以篮球、武术、排球、攀岩等带有一定竞争性、刺激性、新鲜性的项目为主，女生以舞蹈、健美操等能展现身体姿态的项目为主。

休闲体育消费既包括对时间、物质产品、文化产品的消费，也注重对新的生活观念、新的生活知识、新的生活价值观的消费。合理的体育消费行为对维护个体健康、保持旺盛的活力等将起到重要作用。大学生的体育消费行为在一定程度上代表着未来体育消费及体育市场的走向，是衡量和评价学生参与体育活动的重要指标。

三、休闲体育对高校校园体育文化建设的积极作用

（一）大学生休闲体育是建设校园体育文化的主体

随着高等教育大众化、教育终身化、教育内容可转移化的变革潮流，大学生作为一个特殊的庞大群体，对时代、潮流的发展有着重大的影响。大学生有着高智商、高学历，接受着新思想，感受着时代发展的潮流和方向，而休闲体育作为时代的产物，对大学生的身体健康、心理健康、社会适应能力、生活方式、思想观念等各方面都产生了一定的影响，这在一定程度上影响着我国校园体育文化的建设，甚至影响着全民健身计划的实施和终身体育事业的发展。

校园休闲体育是校园文化和休闲体育文化相互影响、融合、渗透、促进而发展起来的一种特殊的文化现象，是由全体师生在体育实践中共同创造的体育精神和经验的综合。随着时代的不断发展，休闲体育必将成为校园体育文化建设的主体。

（二）休闲体育促进校园体育文化的传承

高校有进行各种体育项目所需的场地，为休闲体育的发展提供了良好的空间；大学生的课程安排灵活性较大，闲暇时间较多，从而保证了参与体育项目的时间和次数；丰富多彩的体育项目和多样的组织形式，为休闲体育的传播奠定了坚实的基础；大学生参与体育项目的强度和项目则根据自身的实际情况而定。

休闲体育以其特有内容、方式和潜在意识对学生进行潜移默化的教育。良好的校园体育文化能使人在轻松、愉悦的氛围中感受运动的快乐、汗水凝聚的乐趣，还能激励学生独立思考、独立学习；轻松、愉悦的体育休闲环境能使学生在运动中感受社会文化、先进思想的熏陶及时代的发展方向，感受传统文化与现代文化的碰撞与冲击，开阔自身的眼界；宽松、民主的体育休闲环境能激发学生的参与热情，增加人与人之间的交流，使其养成良好的锻炼习惯，促进学生身心的全面发展。

休闲体育作为一种特殊文化现象，对校园体育文化各要素具有协调、整合、控制的作用，最重要的是能促进校园体育文化的传承。而校园体育文化的形成及发展，对丰富大学生业余文化生活，全面发展学生体育素质，提高群体健康水平，倡导积极、文明、健康的社会风尚有着极大的推动作用。

（三）休闲体育扩大了校园体育文化的影响力

随着“健康第一”、终身体育等观念深入人心，人们对健康的关注程度进一步加深。高校有着坚实的休闲体育基础、广泛的参与人群，学校应加强休闲体育教育，积极鼓励学生通过健康的活动方式进行休闲，培养学生正确的休闲理念与良好的习惯，并使学生掌握多种运动技能。高校还可为社会举办一些短期或长期的培训，鼓励大学生积极参与，扩大校园体育文化的影响力。

休闲体育是社会生产技术和生活方式变迁的必然结果，是人类社会物质和精神文明发展到一定阶段的产物，它的出现使人们更加理性地思考体育的作用与价值。现阶段我国大学生的体质状况在整体上仍呈下降的趋势，休闲体育要想改变这一现状，让高校校园体育文化展现出勃勃的生机，需要政府、社会、学校、社团、个人的共同努力。

第五节　网络时代高校校园体育文化建设的思考

一、网络时代为高校校园体育文化建设提出新挑战

全民健身关系人民群众的身体健康和生活幸福，是综合国力和社会文明进步的重要标志，是社会主义精神文明建设的重要内容，是全面建成小康社会的重要组成部分。为了促进全民健身运动的发展，我国于 1995 年制订了《全民健身计划纲要（1995—2010 年）》。为进一步发展全民健身事业，广泛开展全民健身运动，根据《中华人民共和国体育法》《全民健身条例》和国家经济社会发展实际，制定了《全民健身计划（2011—2015 年）》。这些充分展示了国家对全民健身运动的重视。

广大青少年身心健康、体魄强健、意志坚强、充满活力，是一个民族旺盛生命力的体现，是社会文明进步的标志，是国家综合实力的重要方面。所以，《全民健身计划（2011—2015 年）》中，对切实加强青少年体育工作提出了具体要求。该计划指出，要认真落实“健康第一”的指导思想，把增强学生体质作为学校教育的基本目标之一。同时要健全学校体育工作机制和督导制度，提高体育教学质量，全面实施《国家学生体质健康标准》，广泛开展“阳光体育运动”，积极开展课余体育训练，倡导科学、健康的青少年健身和运动理念。这些具体目标的制定，让我们感受到了国家对青少年体育工作给予了高度重视。现在，全民健身运动开展得如火如荼，城乡居民的体育健身意识和科学健身素养普遍增强，体育健身成为更多人的基本生活方式，而“阳光体育运动”也让学生走向操场、走到阳光下，在校园形成了体育锻炼的热潮。

我们为这些好的现象拍手称赞的同时，也不得不面对另外一种令人痛心的现象，2014 年 8 月 11 日《新京报》报道：“教育部在近日举办的新闻发布会上称，学生体质健康状况持续 20 多年下滑后，近年来出现了积极的变化，大部分指标止跌回升，个别指标甚至出现了持续上升的趋势。但大学生体质健康下滑趋势依然没有得到遏制，甚至在很多指标上不如中学生。记者了解到怕吃苦、沉迷上网是大学生体质下滑的主因。”现在，对于大多数大一新生来说，电脑、手机已成为入学标配。有学者对大学生手机网络使用率进行了调查，结果发现大学生中每天都会使用手机网络的人占样本量的 69.7%，近半数的学生每天的手机网络使用时间在 2—4 小时之间，10% 的学生超过 5 小时。大学生每天使用手机上网的时间比率为，1 小时及以内的为 40.0%、2—4 小时（包括

4 小时）的为 49.5%、5 小时以上的为 10.5%。大一、大二、大三学生中每天都用手机上网的比例分别为 64.8%、69.9%、72.6%，呈递增趋势。大学生经常使用手机网络的地点有，教室、宿舍、食堂、图书馆、上学放学的路上。其中，有 69.7% 的大学生表示自己每天都会在教室上网，有 85.9% 的大学生认为在课堂上使用手机网络很普遍。此外，有 49.8% 的学生都表示自己有睡前使用手机网络的习惯。有学者对大学生课外体育锻炼的情况进行了调查，结果发现，男生每周活动七次占的人数占总人数的 14.79%，每周运动 5、6 次的占总人数的 22.54%，每周运动 3、4 次的占总人数的 30.99%，每周运动 1、2 次的占总人数的 15.49%，运动频率不定、没有规律，占总数的 15.49%。女生的各项比例比男生还要低得多。这一组组鲜明的数据对比给我们敲响了警钟：体育运动的吸引力与网络相比相差太大。这也给高校校园体育文化建设提出了新的课题。作为高校体育工作者，我们不得不反思高校校园体育文化建设中到底存在哪些问题，又将如何改进？在大数据时代，如何运用网络，向学生灌输健身的方法手段，让学生树立终身体育的观念？如何使校园体育文化服务于大学生，让其形成健康的生活方式和健身习惯？这些问题值得我们深思。

二、当前普通高校校园体育文化建设中存在的问题

（一）大学生参与校园体育文化活动的意识不足

中国人注重文化学习，当前的高考制度和教育资源的不均衡也让家长把主要的精力放在了孩子文化课的学习与艺术特长的培养上。由于独生子女较为普遍，许多家长认为对子女的教育只能成功，不能失败。为了使孩子能够考一个好一点的初中、高中、大学，孩子从小就被迫上各类辅导班，从一个学习地点向另一个学习地点转移。运动安全问题让每一个学校与家长谈虎色变，一些运动项目被迫取消，供学生们自我锻炼、自我玩耍的学校体育器材和设施几乎都被去除，有限的器材也被束之高阁，学生即便有意识、有动机去锻炼，也没有必备的设施和器材。全员性运动会的推广和体育节的创新也进展缓慢，校内校外的各种体育竞赛也成为少数同学的专利，离广大的同学很远。“当前学生的课外体育锻炼面临着应试教育、特长功利、运动空间、网络电游、运动安全、运动伙伴、运动技能、枯燥锻炼”等多重压迫。学生在中小学阶段没有养成体育锻炼的习惯，也没在思想上形成对体育锻炼的正确认识，中学应试教育对体育造成的负面影响延伸到了大学阶段，造成了大学阶段学生积极参与课外体育锻炼的热情不高，甚至相当一部分人认为体育就是休闲玩耍、娱乐消遣，不认

为体育也是一种文化。现阶段，我国高校校园文化建设注重于物质建设，许多学校斥巨资搞体育场馆设施建设，努力为学生打造一个良好的外在的学习环境，却对学生参与体育的积极性缺乏正确引导，没有着力培养学生的主动参与意识。

（二）高校校园体育文化建设重物质建设轻人文精神

大学校园体育文化设施建设一直是国外发达国家彰显学校魅力，培育良好校园文化氛围、凸显大学文化精神的载体，因此国内外著名大学在大学体育物质文化景观和场所的规划、设计与建设上均要从学校发展的高度进行严谨的论证分析，给予强大的支持和关注。随着我国经济的不断发展，教育资金的不断投入，我国高校的校园建设经历了一个重要发展期，高校体育场馆建设也如雨后春笋。这些体育场地与体育设施为体育的发展提供了物质保障，也在一定程度上反映了高校体育文化的发展水平。体育场馆的建筑风格、良好的体育设施能够让学生受到体育环境的熏陶，对体育运动产生向往。但是许多体育场馆的建设缺少人文精神，缺少文化底蕴，同时高校在体育宣传及图书资料等相关配套设施的建设上投入相对较少，体育图书资料老旧，校园体育宣传设施建设无法跟上潮流。

（三）高校体育文化建设重活动形式轻育人功能

体育作为学校教育不可缺少的一部分，在它的特定领域内对人的全面发展起到重要作用。在具体的活动中，通过统一的规则、规范的行为、严密的组织及约定俗成的规定，使参加者和观赏者能够自觉或不自觉地受到体育文化的熏陶，从而培养出团结友爱、吃苦耐劳、勇敢顽强、坚持不懈等优良作风，同时也可以培养集体主义、爱国主义的精神，机智灵活、沉着冷静、坚决果断、谦虚谨慎等意志品质。能够亲身参与到体育活动中来，缓解工作与学习的压力，享受体育运动所带来的愉悦和自由，这是网络所不能替代的。但是，在高校校园体育文化建设中，群体性活动、体育竞赛、校级体育文化活动、体育社团建设等开展不足，其中学校的体育竞赛项目又主要集中在球类上，多数以院系为单位组队参加比赛，这就使得参赛人员受到限制，普通学生很难在这些比赛中一展身手。而以班级为单位的系列赛却得到了学生的喜爱，因为这样的比赛能够满足普通学生的参与需求。校级体育文化活动主要包括校运动会和体育文化节，活动本身缺乏创新，活动内容缺乏普及性，校领导和普通学生对其关注度和参与度呈现下降的趋势，形式主义较为严重。体育社团的建设处在一种自发地组织管理活动的状态，由于缺乏学校相应管理部门的关注、支持和考核，很多社团没有发挥应发挥的功能，无法满足大学生的体育文化需求。所以高校校园体育文化建设呈现出这样一种状况：一方面，体育文化活动日益丰富、多元，给师生们提供了展示自我的舞台；另一方面，缺少科学的规划、有效的管理，造成了表面热闹与实施者的盲从，出现了组织者疲于应付参与者的现象。

三、网络时代校园体育文化建设措施

（一）增强大学生的体育参与意识

大学生是高校校园体育文化建设活动的主体。大学生参与体育的积极性不高，是当前应试教育造成的。短时间内改变中国的高考现状是不可能的，关键是要在他们进入大学后，培养他们的体育参与意识。首先，要加强宣传力度，通过校园网络、广播站等现代化手段，宣传体育运动与健康的关系，使学生树立终身体育思想。其次，不断推进体育教学改革，提高学生的体育兴趣。加强课堂教学常规教育，严禁学生在课堂上过度使用手机。再次，加强校园体育文化建设，渲染体育氛围，并充分利用网络的影响，发展体育文化，提高学生的参与意识。最后，真正重视体育社团活动，学校有关部门应有意识地对其进行引导与支持。

（二）注重高校校园体育文化的硬环境与软环境建设

体育场馆建设要能体现该校的文化底蕴，与整个校园的文化氛围相融合，彰显校园文化的魅力，以体育场馆建设传播校园体育文化。无论是气势恢宏的体育馆，还是造型优美的体育雕塑、个性鲜明的体育标识，要能够给学生的心灵带来撞击，激发他们向往体育、参与体育、热爱体育的激情。在做好大型体育场馆建设的同时，也要注意小的体育景观，要以一定的文化底蕴体现其中所包孕的体育精神，使得每一处建筑、每一处景观都能传递体育思想，表达体育文化。即“在关注‘硬件建设’的同时，更需要考虑‘软件’的融合，增添人文元素，丰富文化内涵，通过人与物的沟通，传承、创新体育文化，提升校园体育文化品位，实现以‘物’化人”。在体育宣传与图书资料方面应加大投资力度，通过现代化手段加大宣传力度，充分利用校园网络，建立校园体育网页，开设学校体育网站，通过利用校园广播站和投影机来播报体育新闻和播放体育比赛等方式，来构建一个大的校园体育文化整体环境，为学生创造一个良好的体育文化氛围，给学生搭建了解体育信息的平台，为校园体育文化建设提供支持，让网络为我所用，通过网络让学生感受到体育的精神与魅力，让其接受体育文化的熏陶与洗礼，从而真正地爱上体育，参与体育运动，把课余时间更多地用于体育运动，树立终身体育观念。

（三）重视体育文化活动的形式与内涵

高校校园体育文化对人生观、价值观的建立具有潜移默化的深远影响，其育人功能不容忽视。高校校园体育文化建设的终极目标就是创设一种氛围，以陶冶学生情操、构建学生健康的人格，使其树立终身体育思想。为了达成这一目标，在建设高校校园体育文化时，不仅要注意环境育人，更应对校园体育文化活动予以重视。首先，在学生团体及体育社团组织体育文化活动时，学校在场地、经费方面给予支持，并将活动申请程序简便化，给予大学生更多的自主权，并加强对相应管理部门的支持与考核。其次，在活动内容方面，应多组织开展内容有趣、形式新颖，具有实际意义且能充分调动大学生积极性的体育文化活动。最后，创建校园体育文化活动品牌，要注意将品牌建设与育人相结合，实现体育文化的积累与传承。

（四）构建校园体育文化建设的新机制和模式

目前，许多高校在校园体育文化建设方面进行了有益的探索，为我们创造了可供借鉴的校园体育文化建设新机制和新模式。例如，清华大学针对社会的发展和学校教学机制的改变，构架了新的校园群体活动的运行模式。形式上，以竞赛为龙头，以“马约翰杯”的系列比赛为主线，构成贯穿全年的“一条主线（马约翰杯），四个高峰（校运会、新生赤足运动会、马拉松活动、马约翰日）”；机制上，建立校园群体的四个层面，即学校（重点抓）—体育协会（指导）—系（支持和协助）—班和个人（导向、督促和辅导）；将每月一次的院系学生会体育部长会和体协主席会作为联系的纽带，以每年一册的《竞赛指南》为推进的蓝本；效果上，力求促使更多的普通学生参与学校体育竞赛，从中得到身体、心理和健全人格的全面培养。

加强比较研究，借鉴国外发达国家的成功经验。在美国、英国、德国、日本等发达国家的大学里，大学校园体育文化建设已经成为其大学文化建设的核心内容之一。与发达国家相比，我国大学校园体育文化的建设仍然有许多不足。虽然这种差距源自很多方面的因素，而且像我国社会政治经济整体发展水平、教育传统和教育体制等都是无法改变的制约因素，但是要实现中国高等教育的快速发展，使中国大学校园体育文化建设少走弯路，必须积极进行中外大学校园体育文化建设的比较研究，借鉴发达国家著名大学校园体育文化建设的成功经验，吸取他们失败的教训，规避他们出现的问题。

网络时代高校校园体育文化建设面临着新挑战，它关系着青年大学生终身体育观、健康生活方式的养成。我们应该把体育作为一种生活方式、价值观念、思维方式和行为习惯传授给所有大学生。因此，普通高校各部门需要积极筹划、共同参与网络时代全方位、多层次的校园体育文化建设，为青年大学生的全面发展创造和谐的育人环境。

第六节　以社会主义核心价值观引领高校校园体育文化建设

高校校园体育文化是高等院校中的一种特定文化氛围，作为高校校园文化的重要组成部分，在进行文化建设时，高校应该充分发挥社会主义核心价值观的引领作用，这有利于促进具有共同价值理念的校园体育精神的传播，协助学生树立正确的价值观念，最终实现学生的全面发展。

随着现代教育的不断发展，高校校园体育文化建设呈现出了新的发展趋势和新特点。我们要充分发挥出社会主义核心价值观的引领作用，推动高校校园体育文化建设顺利开展，促进学生的全面发展，为社会输入更多的高素质人才。

一、高校的体育文化结构

（一）高校校园体育文化正确的价值观念

体育文化的价值观能更好地推动体育文化活动的开展，是人文体育教育中最重要的核心。只有被学校、社会各界人士所认同及运用，才可以形成良好的体育文化风气。大学生在校期间认识能力的好坏，直接决定了大学生能否形成良好的价值观，以及未来的发展的情况。一般来说，感性体验是培养大学生良好体育文化价值观的基础，然后再从理性方面不断提高，最终达到成熟和完善。认识体育文化活动时可以从最基本的外在价值认识开始，然后逐渐地改变人们的生活方式。为了培养大学生良好的体育文化行为及让其树立良好的文化观念，加强高校校园的体育文化建设必不可少。

（二）高校校园体育文化的重任就是要让民族体育文化意识有所提高

一个民族在经过漫长的发展之后，会渐渐地形成具有本民族特色的体育文化。曾经的奥林匹克竞技项目及在古希腊非常盛行的运动项目等都被广泛地流传，这些在体育文化中非常有代表意义的词语早已融入每个民族的语言，渐渐地变成一种体育文化的思想，对体育文化一直有着深远的影响。汉族体育文化和少数民族体育文化是我国体育文化的分类。汉族在历史上就是以农耕为主，劳作的时间比较长，活动的范围很窄，妇女更是足不出户的。汉族受这种生活方式的影响，导致体育文化一直处于不发达的状态。基本上除了武术以外，没有更好的体育文化活动。与汉族相比，少数民族的体育文化就要好得多，骑射、摔跤、舞蹈等都是大多数少数民族群众都有的基础。从中国的历史来看，相互间进行激烈的活动是一种不雅之举。汉族对这种体育文化意识的认识也可以说是相当肤浅的，这也正是在别人眼里中国为什么一直处于弱势的原因之一。与现代化的强国相比，我国的体育文化修养确实还有很多不足的地方。想要让民族的整体文化意识有所提高，学校里的体育文化和民族的体育文化可以说是相辅相成的。高校的体育文化教育可以说是整个发展过程中必不可少的重要环节，增强民族的体育文化意识也是高校体育必须承担的责任。

二、社会主义核心价值观在高校校园体育文化建设中的作用

（一）提高学生的道德素养，保证校园体育文化建设的公平公正

党中央的十八大报告中明确地概括了社会主义核心价值观的具体内容：“倡导富强、民主、文明、和谐，倡导自由、平等、公正、法治，倡导爱国、敬业、诚信、友善，积极培育和践行社会主义核心价值观。”随着教育体制的深入发展，相关部门也对高校的学生思想政治教育提出了新要求。要求在教育活动中，加强学生德育素质教育，坚持以社会主义核心价值观来培养学生。大学生是国家的建设者，同时也是我国社会主义事业的接班人。他们的价值观念会成为将来社会主流价值观的主导，从而我们在开展高校校园体育文化建设的过程中，应该在每一个环节中都渗透社会主义核心价值观，充分地发挥它的引领作用。

（二）营造良好的校园体育氛围，为终身体育打下良好基础

高等教育作为我国教育体系的重要组成部分，推动了社会精神文明的提高。相关部门发布的《关于进一步加强高等学校校园文化建设的意见》明确指出，要注重校园文化的熏陶作用，通过精心的设计来丰富高校学生的文化活动，建设能够体现社会主义特点的校园文化；通过培养师生爱国、敬业、诚信、友善的高尚品质，为学生营造一个良好的校园体育氛围。

三、高校校园体育文化建设存在的问题

（一）从精神层面来看：人文意识的缺失弱化了社会主义核心价值观教育

当前许多的高校在开展教学的过程中，依然过于强调大学生的专业知识以及文化知识的培养。对于人文意识的培养，在许多高校的教育中没有得到应有的重视。如此的教育形式，让许多的高校的校园文化建设呈现出了以专业文化为主的文化体系，而且作为校园文化重要组成部分的体育文化处在了一个边缘位置。虽然有一部分学生会利用网络以及其他渠道来了解与体育相关的知识，但是毕竟没有得到正确的引导，逐渐削弱了学生对体育运动的热情。一些高等院校虽然已经意识到了体育文化建设的重要性，但是整个建设工作还停留于建设体育场地以及体育设施层面，没有更好地进行精神文化的建设，从而严重地影响到了精神文化对学生的育人作用。

（二）从制度层面来看：管理措施的科学性与政策实施的连续性无法一致

笔者在查阅相关文献时发现，当前研究我国高校校园体育文化建设的文献相对较少，许多的文献都是理论性的内容，没有很好的可行性。而且许多高校的领导对于高校校园体育文化建设的重视程度不足，导致相关部门所提出的建设意见、政策的实施连续性无法得到保障。虽然有一部分高校领导意识到了体育校园文化建设的重要性，但是没有科学的管理措施，这给高校的体育文化建设带来了一定的困难。相关部门针对校园文化建设的考核没有形成统一的机制，让一些不重视体育文化建设的领导认为此项建设可有可无，严重地影响了高校校园体育文化建设的进程。

（三）从校园文化建设特色来看：特色校园文化氛围不浓

高校的体育精神文明建设受到了诸多方面的影响。例如，生源、校园规范、办学定位以及校园周边环境等。在这些因素的影响下，不同的高校所建设的体育文化会具有不同的特色。笔者对一些体育文化建设较好的高校进行了分析，发现这些高校不仅显示出了自身的文化特色，还促进了学校的发展。在这些体育文化建设较好的高校中，体育文化成了最受学生欢迎的校园文化之一，促进了高校的整体校园文化的传承与发展。但是，有很多的高校并没有显示出自身

特色的体育文化，从而整体的体育文化氛围不浓，在很大程度上影响到了学生参与的热情与积极性。

四、社会主义核心价值观引领高校校园体育文化建设的路径

（一）树立人文意识，建设优良的校风、教风、学风，将社会主义核心价值观的内涵融入高校的校园精神文化建设

社会主义核心价值体系中的“三个倡导”是对社会主义核心价值观的归纳与总结，同时也是党魂、国魂、民魂的一种塑造。我们在建设高校校园体育文化的过程中，要以此为导向，培养优良的校风、教风、学风。我们在开展以社会主义核心价值体系为引领的高校校园体育文化建设时，最为重要的工作是要为学生营造出一个优秀的成长环境。可以通过以下几个方面来进行。

第一，我们要重视校风建设，更好地体现出整个高校的价值取向以及理念追求。比如，我们可以采用树立榜样的形式，充分地发挥这种模式的作用来推动校风建设。有规划地开展校风建设，并且在传统的学校文化基础上，与体育文化进行有机的结合，按照学校的办学理念以及思想营造出一个具有时代气息以及特色的校园风气。

第二，开展多元化的体育活动，提高学生参与体育活动的兴趣以及热情。学校可以借助学生会组织一些体育知识讲座、体育艺术展览、体育文化交流等活动来宣传社会主义核心价值观；创新出更多的体育文化教育，结合中华民族的优良传统，培养学生艰苦奋斗的精神。同时加强高校教师的师德教育，让更多的老师融入校园文化的建设当中，营造出良好的教风。

第三，学风是高校的建校之本。首先，从学生的创新意识培养入手，转变学生的思维意识，通过校园文化来引导学生正确看待问题。其次，鼓励学生积极地参与到学校开展的各类文化活动中，让学生意识到体育文化的重要性。最后，规范学生的行为意识，促进学生德、智、体、美、劳全面发展。

（二）规范高校体育文化建设制度，使高校校园制度文化体现社会主义核心价值观的精髓

无规矩不成方圆，一项制度可以形成非常强有力的约束力。因此，我们在建设高校校园体育文化制度时，要把社会主义核心价值观渗透于其中，用其规范高校学生的学习以及生活，让其成为评判全体师生的标准。建议各高校建立专门的体育文化管理部门，便于及时协调各项工作以及落实体育文化建设工作。

这个部门要制定出相应的规章制度，由专人负责对每一项建设工作的监督以及调整。并且部门工作人员在定期举行的相关工作中应正确地、科学地、合理地部署高校校园体育文化建设工作，要在开展工作的每一个环节中渗透社会主义核心价值观，以其作为工作的主导，为高校校园体育文化建设提供坚实的后盾。并且要以社会主义荣辱观为指导，建立有效的高校校园体育文化建设评价机制。

（三）举办体育艺术文化节，建设有特色的高校校园体育文化

要发挥社会主义核心价值观在建设高校校园体育文化中的引领作用，需要拥有一支具备专业理论知识的教育队伍。因此，高校校园体育文化建设相关负责人，应该与高校思想政治辅导员保持良好的沟通，通过不断的学习来提高自己的政治意识，要以身作则为学生树立榜样，用特有的人格魅力来感染学生，激发学生参与到体育文化建设中来；在开展建设工作中，以丰富的体育专业知识结合社会主义核心价值观来创新体育活动，通过举办体育艺术文化节，培养学生艰苦奋斗、爱国爱校的精神，让学生在进行体育活动的同时，接受社会主义核心价值体系的教育。

（四）借助现代化的网络技术宣传高校校园体育文化建设

随着网络技术的发展，高校学生使用网络的时间越来越多。因此，我们可以利用这一优势，宣传社会主义核心价值观。加强网络管理队伍的专业性，开设具有特色的德育网站，强化高校学生的理想教育以及体育文化精神教育，加强社会主义核心价值观的宣传教育，在全校范围内构成一个正确的价值导向，为高校学生营造出一个优秀的网络环境。同时，还需要以社会主义荣辱观来教育学生，增强学生辨别是非的观念意识，有效地抵制来自网络中的不良信息，促进高校校园体育文化建设工作顺利开展。

综上所述，以社会主义核心价值观引领高校校园体育文化建设是顺应时代发展的需求，同时也是我国高校发展的内在需求。因此，我们在建设高校校园体育文化过程中，除了要坚持以马克思主义为指导之外，还需要以社会主义核心价值观为主导，协助学生树立中国特色社会主义共同理想，以此来确保高校校园体育文化建设工作顺利开展，为祖国和社会输入更多的高素质人才。

第七节　承办大型体育赛事对高校校园体育文化建设的影响

现在越来越多的教育工作者开始关注高校的校园文化建设工作，在高校校园体育文化建设中体育赛事属于一项非常重要的构成要素，其有效地推动了我国高校校园文化建设的不断发展。在高校的体育文化建设中承办各种大型体育赛事具有十分重要的意义，为此，本节针对承办大型体育赛事的高校实施了一系列的调查和研究，分析并介绍了高校承办大型体育赛事的积极作用，并且分析了其中可能出现的消极影响。

高校校园体育文化的建设受到了大型体育赛事成功承办的重要影响，高校可以积极地利用承办相关体育赛事的机遇，大力完善自身的体育设施建设，并且不断地丰富自身的体育赛事活动，从而培养更多的体育爱好者和体育人才，不断地提升高校的体育管理水平，最终推动高校校园体育文化朝着健康、全面的方向不断发展。基于此，针对承办大型体育赛事对高校校园体育文化建设的影响进行深入的分析和研究具有重要意义。

一、在高校校园体育文化建设中承办大型体育赛事的影响

（一）积极影响

1. 形成了良好的校园体育文化氛围和物质基础

首先，高校承办大型体育赛事除了能够有效地推动教师与学生之间的交流和互动之外，还可以充分地调动学生在体育比赛中主动参与的积极性。其次，高校承办大型体育赛事能够将便利的体育条件提供出来，促进学生身心的全面发展，并且将学生自主学习的创造性激发了出来。高校立足于承办大型体育赛事，可以从体育课堂教学的考核评价、实践交流、比赛实战、训练实践和课堂教学等各个环节实现高校体育文化建设的新提升、新成就、新突破。最后，高校为了承办大型体育赛事往往会大力地开展体育设施建设，从而为大型体育赛事提供重要的基础和保障。因此，通过承办大型体育赛事高校会加大在体育文化建设方面的资金投入，使学校的体育文化物质建设变得越来越完善，为高校体育文化建设的发展提供了良好的物质基础。因此，在高校校园体育文化建设中承办大型体育赛事在形成校园体育文化氛围和建设物质基础等各个方面发挥了十分重要的作用。

2. 更好地传播高校体育文化

高校通过承办大型体育赛事能够在校园内部很好地传播体育精神，在对运动场上运动员的更快、更高、更强精神进行大力宣传的同时，还能够对当代大学生的青春风采起到极大的影响与鼓舞作用。通过大型体育赛事对各种先进的体育事迹进行大力的宣传和弘扬，能够为高校培养一批具有突出能力、优良作风和过硬素质的体育人才，并且能够培育出数量众多的综合素质较高的学生。大型体育赛事除了能够将赛事中运动员变幻莫测的配合、娴熟的技艺、超人的耐力、惊人的力量、飞驰的速度等各种动感美展示给高校的教师和学生，更为关键的是其能够体现出一种奋勇拼搏、不畏艰险的精神，从而能够潜移默化地培养校园师生的集体主义观念和顽强拼搏的精神。

3. 促进高校体育规章制度的建立和完善

高校通过承办大型体育赛事能够不断地加强与外界的合作和交流，从而能够了解大型体育赛事的制度建设，并且积累大量的运作经验，能够使高校的体育赛事管理水平得到显著提升，进一步地促进高校体育规章制度的建立和完善。

4. 加强高校与外界的合作和交流

高校通过承办大型体育赛事可以与外界进行更好的合作和交流，除了可以向外界更好地展示自身独特的校园体育文化，不断地提升高校自身的知名度之外，还能够广泛地吸收外界先进的体育文化特色和体育管理理念，从而对高校体育文化建设的理论和实践起到有效的丰富作用。高校可以对各种先进的科学的体育理念和竞技方式进行积极的借鉴，不断地提升自身的体育管理水平；与其他学校的交流还能够对学校的体育课程教学水平的提高起到促进作用，使高校在体育文化建设中真正地实现“走出去，引进来”，全面地推动高校多样化的体育文化建设。

（二）消极影响

1. 使高校面临着较大的经济压力

高校承办大型体育赛事除了要积极地借助政府和社会的力量，还需要对自身的经济实力进行充分考虑。大力地建设体育基础设施和体育场馆，尽管能够确保体育赛事顺利进行，同时也能够奠定高校开展体育文化建设的良好基础，然而高校必须要考虑到经费的来源问题，如若不然，就有可能导致高校面临着较大的经济压力，影响到高校其他方面的工作。

2. 出现较多的校园安全隐患

高校在举办大型赛事期间需要容纳大量的外来观看比赛的人员和参赛人员，因此，很容易出现各种安全问题；而参赛人员由于具有不同的生活习惯等，也很容易出现一系列的摩擦。

二、高校承办大型体育赛事的若干建议

（一）做好大型体育赛事的宣传工作

在承办大型体育赛事的时候，很多学校往往比较关注制度层面和物质层面的建设，比如，为了激发师生参与体育训练的主动性制定各种制度条例，大力兴建各种体育基础设施和体育场馆，然而在一定程度上忽视了对学生集体主义和爱国主义精神的培养。所以高校必须要对宣传栏、板报、广播等各种媒介进行利用，对比赛的优秀事迹和拼搏精神进行大力宣传，从而有效地推动高校体育文化建设的不断发展。

（二）做好统筹安排的工作

在正式承办大型体育赛事之前，高校要对其他学校的成功经验进行积极的借鉴，对其中存在的各种问题进行认真分析，从而能够对各职能部门的关系进行更好的协调，真正地实现合理安排。与此同时，高校还要针对可能发生的各种问题制定一系列的应急预案，从而有效地控制赛事举办期间的各种不利因素，最大限度地确保大型体育赛事顺利举行。

在高校的体育发展中承办大型赛事必然会产生较多的积极影响，高校体育文化建设与承办大型体育赛事两者之间的结合已经变成了主流趋势，因此，高校必须要抓住承办大型体育赛事的机遇，大力促进校园体育文化建设，对大型体育赛事的各项成果进行积极的巩固和发展，全面地调动广大师生参与体育锻炼的积极性和主动性，使自身的校园体育文化建设再上一个台阶。

第五章　可持续视域下高校校园体育文化建设现状

第一节　高校体育资源可持续发展研究

高校体育教学资源在推动高校体育教学发展和服务社会方面发挥着十分重要的作用。高校体育资源同社会资源相比有较大的优势，一方面高校拥有大量的体育物质资源；另一方面高校拥有深厚的体育文化资源。对高校体育资源的可持续性开发，能够推动体育教学的发展，培养大批高素质人才，同样也可以更好地为社会提供服务。

高校体育资源是高校进行体育教学活动的重要支撑，也是提高体育教学质量的基础条件。目前，高校体育资源管理工作比较落后，管理效果比较差，导致部分体育教学资源的教学价值没有得到充分发挥，这一方面导致了高校体育教学资源的严重浪费，另一方面也不利于提高高校体育教学水平。为此，必须加强高校体育教学资源的管理工作，在服务于高校体育教学的同时，实现体育资源的可持续发展。

一、高校体育教学资源的内涵

从整体上看，高校体育资源可以具体划分为狭义和广义两个方面。卢文君在研究中指出，广义的高校体育资源指的是与高校体育教学工作有关的教学场地、体育器材、教学人员等一系列相关的人、财、物；狭义的体育资源仅仅指的是与教学活动密切相关的教学场地、教学器材等资源。在高校体育教学当中，有形的体育资源确保了高校体育教学工作的顺利开展，提供了重要的物质基础；无形的体育教学资源，确保学生能够喜欢体育课程，从整体上看能够给体育教学工作提供精神上的支撑。两种体育资产和体育资源是相互辩证的，缺一不可，共同推动高校体育教学的发展。

高校体育资源应该包含以下两个属性：一是高校体育教学资源具有实用价值；二是高校体育资源是现实的或者是潜在的生产要素。据此，在进行研究时，认为高校在进行体育教学时利用的一切条件和要素都是体育资源，其中不仅包括物质方面的，同样也包括人力方面的。

二、高校体育资源可持续发展的影响因素

（一）经济水平与可持续发展

体育资源的开发和利用是建立在一定的经济条件之上的，高校体育资源的开发和利用同样受到自身物质条件的影响。在市场经济环境中，高校体育也在不断走向市场化和产业化，但是，受到传统的计划经济体制的影响，目前我国体育事业的市场化水平比较低，高校体育也同样如此。同时，我国不同地区的经济水平还存在较大的差距，导致不同地区的体育经费存在着较大差距。从整体上看，当前高校的体育经费缺乏，并且体育经费来源单一，使高校体育资源无法扩充而影响了我国高校体育资源的可持续发展。

（二）体育文化环境与体育资源可持续发展

体育是人类社会在发展的过程中形成的一种独特的人类文化形态，体育文化和其他人类文化是相互影响和相互借鉴的，其他文化可以以体育为传播媒介，体育同样能够借助社会文化得到拓展。在我国进行社会主义现代文化建设的过程中，始终强调物质文明和精神文明共抓，从整体上看，体育属于精神文明。但是，高校在进行体育资源开发时注重短期效果和经济利益，对高校当前的体育资源造成了严重的破坏，对于高校体育资源的可持续性利用也带来了不利影响。

三、高校体育资源可持续发展路径分析

（一）制定合理的管理政策

在我国高校体育教育发展的过程中，应根据高校体育教学的实际需求，实现体育资源在高校间的合理配置，从宏观利益出发实现高校体育与社会经济的协调发展。高校体育在我国体育事业中占有十分重要的地位，针对当前高校体

育资源开发和利用中存在的问题，必须制定合理的措施加以解决。首先，采取行政手段促进高校体育资源的优化配置。在我国高校体育资源的组成中，体育资源的来源比较单一，大部分体育资源依靠国家拨款进行建设。但是，在体育资源建设的过程中，由于国家对不同高校的投入比例差别过大，高校体育资源配置严重不合理。这不仅体现在物质资源方面，也体现在人力资源方面。为此，国家必须制定合理的措施，在完善不发达地区体育物质资源的基础上，通过优惠措施改变西部高校人力资源紧缺的现状，促进高校体育资源合理配置。其次，在社会主义市场经济环境当中，为了实现高校体育资源的可持续发展，必须努力促进高校体育的产业化和市场化，这样能够为高校体育资源的市场利用提供重要的基础条件。

（二）加强对高校体育资源的管理工作

首先，在加强高校体育资源管理的过程中，必须转变传统的管理理念，在市场经济环境下，高校体育资源可以对社会开放，实现市场化和产业化管理和经营。提供有偿的服务能够为高校体育发展提供重要的资金，在此基础上能够不断丰富高校体育资源，形成良性循环，推动高校体育资源的可持续发展。其次，要加强高校体育人才队伍建设。21 世纪是知识经济时代，人才在经济发展和社会发展中起到越来越重要的作用。在市场经济环境下通过建立高素质的人才队伍能够实现对高校体育资源的可持续利用，也能充分发挥高校体育资源在我国体育事业发展中的重要作用。笔者认为建立高素质人才队伍，一方面需要对当前学校教师进行职后教育工作，提高其综合素质和综合能力；另一方面需要招聘一批高素质人才，这些人才不仅要有专业的体育知识，同时也要具备体育资源开发和应用的能力。最后，加强高校体育基础设施建设。高校在建设的过程中必须采用多种渠道筹集资金，为高校体育基础设施建设提供重要支持。同时，在高校发展的过程中需要采取科学的管理制度，优化资源结构，并不断开发新型体育项目设施。

（三）共享高校体育资源

高校体育资源共享，指的是在对高校体育资源进行开发和利用的过程中，学校学生、社会个人或者是社会机构，利用学校的体育场地和体育设施进行学习和锻炼，学校的体育设备和体育场馆对社会开放。随着全民体育运动和终身体育运动的兴起，人们参与体育运动的意识越来越强烈，需求也越来越大，但是，目前我国社会中的体育场馆和体育设施难以满足群众的需要，因此，学校可以有偿开放体育场地，满足社会需求。这样一方面可以为高校体育发展筹集建设资金，另一方面可以服务社会，能够实现高校体育资源的可持续发展。

随着高校体育教学的不断发展，如何进一步丰富高校体育资源并加强对高校已有体育教学资源的利用，是高校体育研究工作中的重点，也是提高高校体育资源利用水平、促进其可持续发展的重要前提。因此，在对高校体育教学资源进行管理时，需要实现高校体育教学资源的市场化、产业化。只有开发与保护并行，才能推动高校体育资源的可持续发展。

第二节　论体育与自然环境和谐可持续发展

体育运动是人类的重要活动和重要生活方式。现代人为了强身健体、活跃生活酷爱体育运动，尤其热爱户外活动，各国高度重视发展体育运动，通过举办体育赛事实现国际交往、增进友谊和扩大影响、提升综合国力，申办各种国际比赛，特别是奥运会成为各国竞争最有力的赛事。随着我国人民生活水平的提高和休闲时间的增加，热爱和参与体育运动的人群不断增加，城乡人们日益增长的体育活动需求与体育公共场地不够的矛盾日益突出，体育设施过度建设对自然环境造成的破坏也日益严重，自然环境的恶化给人们造成的伤害也日益增大。这些问题不能不引起我们的高度重视，我们必须了解体育与自然环境和谐、可持续发展的关系，必须寻找正确处理体育与自然环境和谐、可持续发展的办法和措施。

可持续发展是人类社会认知世界、认知自身的高度智慧成果。可持续发展是一个包括人与自然、人与人、当代与后代、国与国以及区域之间协调关系的系统工程，它要求实现人口、社会、经济、资源与环境之间的和谐与均衡，以人的全面发展为中心，构建生态和谐、社会公平与经济高效的可持续发展社会。体育运动是人类的重要活动和重要生活方式，是人类实现生活改善、延续生命的重要手段，还是人类实现国际交往，增进友谊和团结的重要形式。自然环境是人类从事体育活动的载体，自然环境为体育运动运行和发展提供场所、资源，同时自然环境又影响和制约着体育的运行和发展、体育社会活动的开展和体育交往；体育活动既依赖自然环境，又破坏自然环境。显而易见，体育与自然环境是相互依赖又相互制约的关系。任何人类活动对自然环境都有一定的影响，举办大型运动会对某一个国家或地区的经济发展做出贡献的同时，也给该地的生态环境带来了巨大的影响，体育发展与环境的冲突，已成了一个不容忽视的问题。如何协调体育与自然环境的关系，实现二者相互促进、相互发展？本节从二者关系入手，探讨解决的基本思路和办法。

一、自然环境和谐、可持续发展与人类的生存和发展息息相关

自然环境和谐、可持续发展是人类社会可持续发展的基础条件。可持续发展的基本含义是保证人类社会具有长远的、持续发展的能力。社会的可持续发展，客观上要求自然环境也要可持续发展。现代文明是在开发利用自然资源的过程中发展起来的，但同时对自然环境造成了巨大的破坏，据统计全世界每年有 1500 万人死于环境污染、18 亿人因饮用污水而患病，每分钟全球耕地损失 40 公顷、沙漠化增加 11 公顷、森林消失 21 公顷、85 万吨污水排入江河湖海、4.8 万吨沙流入大海。自然界已经危机四伏，被破坏的生态环境屡屡向人类发起挑战，地震、海啸、飓风等天灾人祸时有发生，地球向人类发出了严重警告，人类生存已岌岌可危。

自然环境和谐、可持续发展是人与自然和谐相处的前提条件。人类为了生存和发展所进行的资源及能源的开发是完全必要的，但是所有开发和利用都应当从整个自然界出发，全面地和科学地考虑地球环境的生态系统，再在保护自然环境、维持生态多样性的基础上，达到人和自然之间的协调。当今社会许多人无限贪婪，无限追求利益，过度开采资源，滥砍滥伐森林，造成水土流失、资源浪费，自然环境遭到破坏，严重影响了人与自然的和谐发展。全世界的人们必须同心协力对付一切威胁生态环境的行为，自觉地从社会利益出发，维护人类赖以生存的自然环境。否则，人类就会再步恐龙后尘，走向自我毁灭的道路。没有自然环境的和谐、可持续发展就没有人与自然的和谐发展。

加强自然环境保护是自然环境和谐、可持续发展的关键。大自然对人类的报复和人类战争对自然的破坏等惨痛教训告诉我们，自然环境必须保护，必须合理开发，不能肆意践踏和违背自然规律。经过几十年的奋斗与抗争，人们终于觉醒，世界各国开始重视环境保护，多数人开始自觉保护环境。泰国、斯里兰卡、印度尼西亚等国已把保护环境列入教育计划，并通过环境教育使学生强化保护环境的责任感。日本把“传授环境知识、培养解决环境问题的技能”作为环境教育的目标。德国人民有着强烈的环保意识和较高的环境素养。美国、加拿大等在环境保护方面都有成功的经验与做法。只有全人类保护自然环境的意识被唤醒，并切实施行环境保护措施，我们赖以生存的地球才有希望，人类才能永续发展。

二、体育运行和发展必须遵从和适应自然环境

体育有利于人的和谐发展。体育是社会发展与人类文明进步的一个标志，

体育事业发展水平是一个国家综合国力和社会文明程度的重要体现。体育作为一种群众广泛参与的社会活动，不仅可以增强人民体质，培养人们勇敢顽强的性格、超越自我的品质、迎接挑战的意志和承担风险的能力，而且还有助于培养人们的竞争意识、协作精神和公平观念。体育对丰富人们的文化生活，弘扬集体主义、爱国主义精神，增强国家和民族的向心力、凝聚力，起着十分重要的作用。体育是促进友谊、增强团结的重要手段。体育活动能够扩大人们的情感交流，增进人与人之间的相互了解，改善人际关系乃至国际关系。因此，体育事业方兴未艾，是朝阳产业，还需大力发展。

体育和自然环境需要和谐发展。体育和自然环境是相辅相成的关系。一方面自然环境提供了体育运动运行和发展的场所，但同时也影响和制约着体育的运行和发展及体育运动需求；另一方面体育活动是人类的刚性需求，体育人口的多少影响着体育场馆的建设规模，日益扩大的体育队伍和日益增加的体育设施改变着自然环境的面貌，从而影响自然环境的相对平衡。这是一对矛盾，但必须科学处理。如何使体育和自然环境和谐发展？千百年来，随着体育运动在人类社会文化中的兴起，特别是以奥林匹克运动为代表的大型竞技赛会的兴盛，激发了人们对自然环境的利用和开发，如高山滑雪场、高尔夫球场和浴场等，从而使体育运动更加影响了地理面貌发生变化。如何才能保障和促进体育和自然环境和谐发展值得认真思考和研究。

人与自然必须和谐发展。自然环境是人类生存、繁衍的物质基础；保护和改善自然环境是人类维护自身生存和发展的前提。这是人类与自然环境关系的两个方面，缺少一个就会给人类来带来灾难。人类必须懂得，为了生存、发展，我们要依赖环境和资源，要开发利用环境和资源，这就必然破坏了环境和资源；为了永续生存和发展，我们必须保护好自然环境和资源，人与自然必须和谐发展、良性发展和循环发展，不能无限制向自然索取资源。因此，保护环境、保护资源，已经刻不容缓。

三、切实保障和促进体育与自然环境和谐可持续发展

（一）注重环境教育，促使体育与自然环境和谐发展

坚持可持续发展是唯一的选择，必须注重人、社会、环境三者的协调发展。而要实现这个目标，环境教育至关重要。环境教育不只是概念的认知，而是行动的教育，需要亲身经历与体验，了解人与环境的互动，培养对环境的尊重及解决环境问题的能力。人类活动给环境带来的问题只有通过人类提高理性认识

才能根本解决。环境教育是社会可持续发展的要求，也是解决环境问题的根本途径。悉尼为了保护自然资源，在奥运会场馆周围设置了若干太阳能装置来照明，并用树皮覆盖裸露地，以保持水土；雅典则在1500公顷的土地上种上30万棵树、100万棵灌木和1100万棵幼树。这些做法值得借鉴和推广。

（二）制定规则，促使世界体育事业可持续发展

国际奥委会最关注的问题之一就是奥林匹克运动发展与环境保护。为了确保奥林匹克运动的可持续发展，国际奥委会制定了一系列的环境保护措施，1995年在瑞士洛桑会议上国际奥林匹克委员会成立了环保委员会，1996年《奥林匹克宪章》将环境保护列为国际奥委会的任务之一。此后，奥运会举办国和举办城市积极响应国际奥委会的号召，遵循奥运会环境保护规定。从1984年第二十三届洛杉矶奥运会开始，国际奥委会和奥运会主办城市逐步将体育与环境融合在一起。首尔为了举办1988年第二十四届奥运会，采取多种措施改变能源结构，控制煤烟型污染，使用清洁能源替代燃煤。2000年第二十七届悉尼奥运会提出了“绿色奥运”的口号，其“绿色奥运”的理念深受称道。2008年北京奥运会高举“绿色奥运、人文奥运、科技奥运”旗帜，办成了最好的一届奥运会。

（三）立即行动，加强监管，切实保护自然环境

国际奥委会加强对奥运会举办国和举办城市的奥运场馆建设与环境保护的监管，把奥运场馆建设与环境保护政策措施作为申办的必要条件提出并严格审查。各国针对体育运动的开展与环境保护也要立法，并切实依法行政，落实体育场馆建设与环境保护措施，对破坏自然环境的行为要依法严惩，并责令修复，确保体育运动的开展与自然环境保护相得益彰。世界各国人民也要立即行动起来，直接参与保护自然环境，科学利用城乡自然环境组织开展体育运动，保障和促进体育与自然环境和谐可持续发展。

可持续发展的前提与基础是环境资源的可持续供应，自然环境是人类生存、繁衍的物质基础；保护和改善自然环境，是人类维护自身生存和发展的前提。体育运动是人类生存和活动的方式，适度建设体育场馆是必要的，过度建设既浪费资源，又破坏环境，必须有效制止。人类只有朝着保护自然环境及合理使用自然资源的目标前行，才能使体育与自然环境二者相互促进，共同发展。

第三节 加强体育文化引领作用，助推阳光体育可持续发展

“阳光体育运动”的初衷是通过阳光体育的抓手作用，吸引广大青少年学生走向操场、走进大自然、走到阳光下，积极参加体育锻炼，培养体育锻炼的兴趣与习惯，掀起群众性体育锻炼的热潮。但是，在片面追求升学率的高压之下“健康第一”往往被“升学率第一”所替代，学生的体质健康仍然存在一些突出问题。

短暂的热浪过后并没有留下太多痕迹，阳光体育的抓手作用也不尽如人意，学生的体育锻炼兴趣与意识依旧没有得到很好的改善。如何让“阳光体育”深入到每个学生的心中，从根源上找寻学生缺乏体育锻炼的原因，从根源上改变学生对体育的错误认识，让学生像爱电脑一样爱体育，是摆在我们面前的一个严峻问题。

一、“阳光体育”在质疑中艰难前行

“阳光体育”从 2007 年被中央 7 号文件首次提出，到在 2010 年《国家中长期教育改革与发展规划纲要》中再次被强调，近达 3 年。期间，政府部门出台了诸如“学生冬季长跑”“每天锻炼一小时”“中考体育考试加分”等多项旨在促进学校体育运动开展、增强青少年体质的举措，但青少年体质水平并没有明显好转，距离党中央、国务院提出的“5 年内实现我国青少年普遍达到国家体质健康的基本要求，耐力、力量、速度等体能素质明显提高，营养不良、肥胖和近视的发生率明显下降”的目标更有明显差距。2010 年全国学生体质与健康调研结果显示，我国青少年的体质持续下降，我国学生的视力不良检出率继续上升，眼睛近视的比例，初中生接近 60%，高中生为 76%，大学生高达 83%。并出现低龄化倾向；肥胖检出率继续增加，大学生身体素质继续呈现缓慢下降等。可以说，近视、肥胖和体质下降，已经成为影响我国青少年身体健康的三大“杀手”。面对调查结果，中国青少年研究中心研究员孙云晓不无忧虑地说：“成绩高分、身心‘软骨’的孩子，难以担起民族脊梁的重任。”

从学校的层面看，长期以来，学校都存在这样一种观念，对于学校体育往往是说起来重要，做起来次要，忙起来不要。学校体育在应试教育的指挥下，变得可有可无，体育课成了一种形式和走过场，学生们利用上课的时间来到操场集合、整队、解散，又迅速回到教室里，埋头于书本中。体育课成为一种摆设，

特别是在经济不发达的西部地区，升学率是学校比评市重、省重和国重的重要指标，据走访调查，一些西部地区的省重点中学甚至是国家级重点中学的体育课都只是走形式，更不要说阳光体育活动的开展了。另外，在片面强调增强学生体质的观念指导下，体育课成了竞技训练课，学生从小学、中学到大学重复着相同的教学内容，进行着相同项目的考核，考核标准却一降再降，这在很大程度上压抑和限制了学生的体育参与兴趣。

从社会层面来看，实际上，多数中国家长对于教育的重视程度不可谓不高，为了孩子，花多少钱都在所不惜。然而，这些钱都花在了幼升小、小升初、兴趣班等方面，其最终目的，是进好学校、考好成绩、进好大学，仍然陷入应试教育的逻辑循环。人们对于体育的认识还在很大程度上受传统观念的影响，只要学习成绩好，其他一切都是枉然。从幼儿园到博士后，学生的书包一开始就以严重的超标分量出现着，压迫着学生的发展，为了知识，人们忘却了自己，忘却了生活，甚至牺牲了自己和自己的生活。教育支配了学生的全部生活目的，天下的父母也心甘情愿，不惜卖房租地，任凭自己的儿女为受教育而生，为受教育而死。据调查，60% 的学生认为家长仅从“升学”的角度看待自己的前途问题，对学校开展阳光体育运动的意义持怀疑或否定态度。

二、阳光体育践行的关键：学生主体自觉

阳光体育作为学校开展体育运动的一种强势手段，其抓手作用不尽明显，成效也不尽人意。现在的关键是，我们不是缺乏发现这些问题的途径，也不是缺乏提高学生体能素质的政策和措施，而是缺乏体育观念，缺乏体育参与意识。根据辩证唯物主义的基本原理，任何事物的实质性变化，其动因的主要方面并不是取决于外因，而是取决于内因。一项关于阳光体育运动开展情况的研究显示：在制约个人参加阳光体育运动的诸多因素中，“自身惰性”居首位。学生缺乏对体育的兴趣有多方面的原因，首先表现为对体育的认识不足，外在要求同本身的身体活动需要相矛盾；其次学生对体育课价值的认识不足，认为体育课可有可无，身体的重要性远远比不上成绩的重要性，由此产生了消极的情绪体验；最后再加上体育课的内容、形式不够多样化，不能够吸引学生，也是学生不喜欢参加体育锻炼的原因。在目前的价值取向下，学生过重的课业负担不可能减轻，学生也不敢尽情参加体育活动，学生体育践行缺乏的关键还在于学生自身的主体性没有得到充分的调动和发挥。学生的主体性，是指学生在处理与外部客观世界的关系时所处的态势，以及表现出来的功能特性和具有的人格

特质。阳光体育开展的现状不容乐观，关键在于广大青少年在理念上和价值取向上没有树立积极的体育健身意识，体育文化的积极作用没有得到很好地发挥。深入挖掘体育文化的精神内核，转变学生的健康意识，调动学生主动参与体育锻炼的主观能动性，促进阳光体育运动的可持续开展，是体育领域实现和谐发展的前提和保证。认识同一件事物，站在不同的角度、不同的层面，往往会得出不同的结论，人都是从自身需要的角度来判断某一行为是否代表了自身的利益的，并根据自身的价值实现与满足来判断。人们需要体育是因为认识到了体育在健身、娱乐、实现自身价值、丰富文化生活等方面的作用，形成了以自己的视角来支配自身的体育行为。由此可以看出，人对阳光体育的价值取向所形成的体育认识在体育参与中居于十分重要的地位，它得到认同并融入人们的思想，成为持久的体育行为，是阳光体育可持续发展的重要标志。主体期望、主体认知和实际表现三者之间相互影响，同时存在。如果学生对阳光体育的价值认识不足，不能将对阳光体育的认知与主体期望融合，那么就代表着阳光体育的价值取向在学生心中的缺失。

如果学生对阳光体育活动的价值有充分的认识，并将这种认识融入思想并用其指导自己的行为，那么就说明学生主体自觉、主体期望与阳光体育活动和谐交融，学生从思想层面到行为层面都认可了阳光体育。

三、深入挖掘体育文化，转变学生体育意识

体育文化作为人类文化的重要组成部分，是人类在追求社会发展、社会和谐和人的全面发展的历史进程中创造的一种独特的社会文化。体育文化因其特殊性，具有特殊的亲和力、感召力、渗透力、影响力，对建立健康文明的生活方式具有积极作用。在构建和谐社会的历史进程中，体育文化所处的地位呈显著提升态势，体育文化的社会地位也被提到了前所未有的高度。体育文化发展的根本宗旨与社会主义和谐社会的发展理念相呼应、相协调。它在人类追求和谐社会的进程中，以其独特的价值和功能，发挥着不可替代的作用，是构建和谐社会不可或缺的重要组成部分。

①以科学的体育理论武装学生。长期以来，我国体育教育一直在“生物体育观”的“工具理性”下发展，巨大的运动负荷背后隐藏的是对身体的摧残和人性的扭曲，是对生命价值的忽视，人们只是肤浅地看到体育这种文化现象的存在与发展，却忽视了体育的深层哲学内涵。人们对体育的认识中缺少文化，阳光体育实践中缺少理论。体育作为以身体活动为基本手段促进身心发展的社

会文化活动，在其发展的过程中形成了相对完善的体育科学体系和具有不同研究特色的学科群。体育教育、教学的过程中，在对学生进行技术、技能传授的同时，更要注重对学生进行体育知识的传授，让学生掌握科学的体育理论知识，深入了解体育的健身价值、教育价值、娱乐价值、社会价值等多元价值；让学生全面了解体育在促进人的身体健康发展方面所遵循的身心发展规律；让学生了解体育在调节人的情绪中所能发挥的有益功能；让学生了解体育在促进人的社会化发展过程中所发挥的独特作用。体育文化中所折射的超越、竞争、创新、求实、奋进、协作等积极因子，阳光体育中独特的情感激发、思想启迪、心灵撞击、智育培育等智慧之果为人们钟情于体育提供了广泛的理论基础，教师应以科学的体育理论武装学生的头脑，挖掘体育的教育和文化价值，使阳光体育功能价值最大化。

②以正确的体育舆论引导学生。教育主管部门和体育主管部门应加大对阳光体育的宣传，利用网络、广播台、橱窗、宣传栏等营造重视青少年参与阳光体育运动的舆论环境，形成鼓励学生积极参与体育锻炼的社会氛围。利用舆论手段消除人们“读书第一、重文轻体”的错误思想，举行有关体育科学知识、健身方法的报告会，让学生在课余时间接受体育教育的熏陶，让他们真正体会到体育的价值与功能，促使他们从现实需要出发，自觉地参与体育活动，使他们的体育行为长期化、习惯化。同时，宣传要走出校园，加强教育、体育行政部门和其他公共服务部门的合作，促使更多的公共体育机构和设施向学生和学校优惠开放，通过全社会的共同努力为学生的健康成长创造条件，唤起全社会对学生体质健康的广泛关注，吸引家庭和社会力量共同支持阳光体育运动的开展。

③以高尚的体育精神塑造学生。社会学家曾证言，任何一种社会活动或现象，当它仅仅体现为技术层面时，它是低层次的，不成熟的。当它进入人的精神的层面，人的意识的层面，并影响到人的人格、心理、意识及行为时，那它就进入了成熟的、科学的阶段。通过体育塑造人的精神气质，通过全面占有自身本质实现自由的境界，与马克思讲的“人的自身本质力量对象化”是相通的，人们之所以对竞技体育感兴趣，一个重要的原因是，竞技体育的超越代表了人类生生不息的奋斗，优秀运动员给许多普通人带来了希望，我们的社会也因为对这种精神的认同而给了体育充分展示的舞台。青少年正处在不断学习、长身体的时候，其个性、意志品质及人格，都具有很大的可塑性。体育教学中，体育本身所蕴含的体育精神，对促进学生身心健康和个性心理、意志品质及人格的形成，有着极其重要的作用。因此，体育教学应充分利用自身的特点，将

人格塑造渗透到每个教学环节中去。通过诱导、渗透、培养，让学生掌握基本理论知识，在进行具体的体育练习中，受到高尚情操的陶冶。阳光体育活动是体育课的延伸。它相对于体育课显得活动的空间更大，学生对活动的选择更自由，更能表现出不同运动所体现的不同精神品质。学生在活动中可根据自己的兴趣爱好，选择自己喜欢的运动项目，不受场地限制，可以是单个进行，也可以是一个小群体，运动形式多样，个体自由活动，个体之间进行对抗比赛，小组、群体之间进行竞赛、游戏，活动内容由学生自己确定，可以是自编的，也可以是老师传授的，活动因没有任何外加的教学任务，所以更能让学生积极主动地参与，学生也能保持高涨的热情，做自己喜欢的运动，玩自己喜欢的游戏，有更多机会与别人竞争比赛，促进他们个性发展的同时，也培养了他们的创新精神。

④以优秀运动员的事迹鼓舞学生。所谓动机是指激起人去行动或抑制这个行动的愿望和意图，这是一种推动人的行为的内在原因。学生的行动也不外乎于此。因此，结合实际，讲一些我国优秀运动员取得成功的经历，通过讲故事，介绍体坛明星等多种形式进行宣传，收集和他们同龄的小运动员刻苦锻炼的动人事迹，及时讲给他们听，用他们的坚强意志鼓舞学生，使学生感受到意志对一个人成功的重要性，激发学生的正确动机。同时经常表扬他们身边的为校争光的小队员，使他们有看得见、够得着的榜样，激励他们刻苦锻炼。坚持榜样教育，使学生做到自我暗示、自我要求，从内心深处燃起积极参与锻炼、磨炼意志的动机。

文化最大的特质，就是具有极强的渗透性、持久性，像空气一样无时不在、无处不在，能够以无形的意识、无形的观念，深刻影响着有形的存在、有形的现实。体育文化因其特殊性，具有特殊的亲和力、感召力、渗透力、影响力，对建立健康文明的生活方式具有积极作用。阳光体育活动的可持续开展需要在体育文化的引领下积极作为，转变学生的主体认识，将主体自觉与学生的主体期望充分融合，变要我运动为我要运动，改变学生的体育价值取向。

第四节　我国优秀体育后备人才多元文化教育体系的建构

一、构建多元文化教育体系的现实问题

（一）竞赛体系中的问题

目前在竞赛问题上主要存在两个层面的问题：一是青少年竞赛体制上的问题；二是大学生运动员的参赛问题。教育部门主办的各类青少年比赛，侧重于选拔更为优秀的体育后备人才。多年来所实行的“体教结合”体育系统并没有把高校体育竞赛列入它的管辖范围中，只能在教育系统中开展高校学生体育竞赛，而且一直都是业余水平选手间的竞争，不能进入国家竞赛体系中，制约了大学生运动员竞技运动水平的进一步提高。

（二）“学与训”矛盾突出

长期以来，我国在培养竞技后备人才方面存在着“轻文化学习以及重训练”的问题，运动员的身份非常特殊，不但要完成规定的学习任务，而且要达到训练目标，完成比赛任务，但是他们的精力和时间比较有限，难以处理好训练和学习之间的“学与训”矛盾。

（三）教育思想落后，办学方向亟待明确

构建学习型社会的关键路径是教育社会化，经济全球化以及知识经济的发展态势为建设学习型社会以及教育社会化提供了良好的动力机制。然而，我国目前竞技后备人才的文化教育过于形式化，缺少职业技能教育的内容。针对竞技后备人才所开展的文化教育，特别是相关的基础课和专业课之间相互脱节，没有形成系统的体系，尚未较好地吻合市场经济的发展需求。以职业技能为核心打造教学课程，这也是眼下对体育竞技后备人才开展文化教育过程中需要解决的难题。教师要能够意识到，教学的目的不是培养专业性的运动机器，而是培养全面发展的精英体育人才。

二、构建我国优秀体育后备人才多元文化教育体系的建议

（一）“职体结合”文化教育体系的构建

固有的训练体制的弊端在改革开放后日益展现出来，不能很好地吻合市场

经济的发展规律，于是“体教结合”理念被正式提出了。但依然存在竞技体育后备人才培养的成本比较昂贵，运动员缺乏相应的文化教育，退役运动员不能顺利地实现就业等问题，而这些问题都是难以克服的。职业教育作为教育体系的一部分，结合体育后备人才相应的性格、能力、智力等特点，催生了“职体结合”培养模式。

第一，现代化与社会化相结合的原则。体育后备人才接受职业教育，享受其现代化的教育观念，从而逐渐掌握社会知识、技能和规范，尽职尽责为社会做贡献。

第二，科学性与可行性相结合的原则。构建“职体结合”培养模式，要持科学的态度，对事物本质进行实事求是的分析和把握，根据竞技体育以及职业教育的发展规律，调整眼下的实际情况。

第三，职业定向性与适度性相结合的原则。由于职业教育的特殊性，体育后备人才在遵循其自身特点与竞技训练规律的基础上，获得相关职业需要的职业知识、技能和能力。

“职体结合”这一教育模式，是当前解决体育后备人才“出路难”问题的有效途径，它能够进一步整合职业教育以及体育教育等领域的资源，更好地落实人才培养战略。

（二）探索解决学训矛盾的有效途径，推进教育教学改革

要重新制定体育竞技后备人才文化教育的水平和标准，切实构建能够适应体育竞赛所需要的文化教育管理模式，更好地培育体育竞技后备人才。

切实落实体育竞技后备人才文化教育政策法规。从国内来看，在从计划经济体制转变为市场经济体制的过程中，国家制定和实施一系列的方针政策，更好地保障广大运动员接受文化教育的权利和义务。然而从实践过程来看，监督机制不能有效地运作，因此，要求相关体育系统主管部门采取多种合理措施，加大监督力度，切实将这方面的工作引到法制化道路上来，更好地构建和完善体育法规体系，形成强化运动员文化教育的良性运行机制。

形成利益与责任相连、运动成绩与文化学习挂钩的制约机制和激励机制。虽然社会各界高度关注体育竞技后备人才的文化教育状况，国家相关部门和单位也颁布了诸多的法规以及政策，但都没有取得较为理想的结果。这源自当前体制中相关运动员在文化素质方面有欠缺，而且还有一些运动员只关注运动成绩，没有高度重视文化学习。为了解决这一问题，有必要将运动员文化教育纳

入运动队或学校的评价体系中，而且要切实地提高体育竞技后备人才文化学习质量。

（三）加大投入力度，改善办学条件，提高文化教师的水平和待遇

行政管理部门应改善相关教师的待遇和工作条件，真正将教师队伍稳定下来，提升教师的待遇和福利，改善教师的工作条件，调动他们的积极性和创造性。强化培养文化课教师，切实增强这些教师的思想道德修养、提高他们的社会地位以及业务技能水平，有效地开展思想政治工作，更好地改进和强化师德建设，让这些新方法和途径服务于新课改。

现阶段中国优秀运动员文化教育应以确立改革方向、明确阶段目标为前提，以建立和完善优秀运动员文化教育制约机制和激励机制为保障，以加大资金投入力度、改善办学条件为基础，积极面向社会，构建和形成具有中国特色的优秀运动员多元文化教育体系，最终实现优秀运动员文化教育回归大教育系统的目标。

第五节　可持续发展视域下体育文化的现状和未来

广义的体育文化是指人类在历史发展进程中，在体育方面创造的一切物质文明与精神文化的总和。

体育文化的分类：①从时间维度，可分为传统体育文化与现代体育文化，传统体育文化往往带有鲜明的地域色彩和民族性；②从空间维度，可分为城市体育文化和农村体育文化，以及国内体育文化和国外体育文化；③从人的维度可分为个人体育文化、学校体育文化、企业体育文化、俱乐部体育文化等；④从专业维度可分为专业型体育文化和大众（群众）型体育文化。

从文化结构主义视角，又可从物质、精神（心理）、社会（制度）三大层次对体育文化加以剖析。

一、我国体育文化发展现状管窥

我国体育的嬗变过程实质上是保守落后的体育文化逐渐让位于先进的、代表西方理性精神的科学体育文化的过程。新中国成立后，我国体育事业从百废待兴的薄弱局面起步，一步步发展，取得了一系列成就。而肯定成绩的同时，不应忽视体育文化建设和发展面临的重要问题。

学术科研界对国内体育文化的研究具有母题集中、局部扩张、细分主题多样化的演变趋势，“竞技体育”“群众体育”“学校体育”“民族体育”等分支的纵向研究分化加快，宏观和微观层面的研究内容不断深入。①民族和民间体育一直是研究的热点，如武术。②农村及少数民族特色体育文化也日渐兴盛。③受到体育大国和全民健身等政策理念的影响，群众体育文化相关研究也备受关注。④ 21 世纪以来北京奥运会的带动效应使得竞技体育文化相关研究剧增。⑤ 2000 年以来学校体育文化伴随素质教育、终身教育等理念的提出和阳光教育的开展，侧重研究学生体育精神文化、物质文化和行为文化的培养和塑造。国外研究更趋于微观，应用性较强，以社会热点问题与体育文化实践相结合的具有归纳性和实证性的研究较多，也注重从经济、政治等角度分析体育文化对二者的作用。

体育文化发展态势东部省份明显好于大部分中西部欠发达省份。目前发展我国体育文化事业的基础条件依然较为薄弱。“有机构，无人员，缺议事，少经费”的状态还将继续存在，建设潜力巨大。

二、可持续发展视角下的体育文化的未来发展

可持续发展理念最早在 1987 年 4 月提出，由挪威首相布伦特兰夫人在联合国世界环境与发展委员会的报告《我们共同的未来》中提出，即“既满足当代人的需要，又不对后代人满足其需要构成危害的发展”。

在可持续发展理念引导下，代内追求不同性别、不同民族和地域之间，强势与弱势人群之间等的体育权利的平等，竞赛规则的公平等，代际则应当考虑使子孙后代享有公平发展体育文化的权利，因而有必要匡正当代的体育文化价值观。

体育文化的高级阶段很可能迈向人文体育，而其内核的发现及深入挖掘，对它的保护和存续，必然依赖于我们对传统文化的尊重和审慎扬弃。中国传统体育文化深受农耕文明发祥地黄河流域文化的影响，形成以汉民族体育文化为主体，各少数民族体育文化融合发展的态势，以健身、养生和娱乐为主要目标。“仁”的核心思想蕴含道德、习俗、医学、艺术（美学）等社会元素，崇尚亲近自然的内在气质、品格、精神修养的锤炼和提升，兼顾保健性、竞技性、趣味性、观赏性等，涉及古典哲学、美学、伦理学、中医学、宗教学、军事学、养生保健学、人体科学等多重跨界学科的理论知识和实用技术。从客观上要求我们以尊重、审慎的眼光加以保护并研究，在持续吸收借鉴西方体育文化精华的基础上，充实我国传统体育文化。

人所追求的不单纯是物质，最终目标是精神自由。这一点已被马克思、康德、马斯洛等哲学大师准确地预言。西方在体育实践的困惑中蓦然回首，发现中国传统体育是以艺术精神和境界追求为旨趣的，它不像科学体育价值尺度那样指向物质，求真以追求对物质的认识，求实用以追求对物质的利用。东方传统历久弥新的人本意识是中西方体育文化的优良融合点，为体育文化的现代性增添了必要且有益的价值元素与审美趣味。

未来，互联网、移动技术、新媒体、人工智能等将加速现代化进程，人类步入后工业化时代，也许在中西方体育文化的碰撞激荡中，推崇人与自然和谐发展、强调审美境界和人的内在情感体验追求的中华传统体育文化才是中国体育文化走向世界的特色与希望，才是为世界体育文化可持续发展贡献精神力量的强大源泉。

第六节　大数据时代校园足球可持续发展探究

随着时代的进步和科技的不断发展，大数据应用的范畴也越来越广。如何结合大数据时代的特点，发挥其在校园足球活动中应有的价值和作用，促进校园足球活动的发展，就成了一个值得深入探究的课题。本节采用文献资料法和逻辑分析法，对当前校园足球活动开展所面临的一些问题进行了分析，结果表明：运动选材缺乏科学理论指导、运动训练难以保质保量完成、运动竞赛未能形成长效机制、校园足球文化氛围较为缺失，这些都阻碍了校园足球活动的进一步发展。为此，笔者提出了几条促进校园足球可持续发展的建议：构建校园足球大数据平台、建立大数据足球训练基地、校园足球竞赛体系常态化、校园足球文化建设多样化。

足球运动作为世界第一大球类运动，自诞生以来在全世界就备受关注。中国作为世界上最大的发展中国家，也一直致力于推动足球运动的发展。我国经过不断的学习与探索，于 20 世纪 90 年代初走上了足球职业化发展道路。然而，二十几年的学习与努力并没有换来快速的进步，中国足球的成绩依然难以令人满意。为此，探求一条中国足球发展的可持续道路就显得尤为重要，政府专门制定了校园足球发展战略，将希望寄托于青少年，出台了一系列的方针政策来推进校园足球的普及，青少年足球也迎来了前所未有的发展机遇。当然，机遇与挑战并存，校园足球在发展的过程中也不可避免地出现了一些问题。如何结合大数据时代的特点发挥好大数据这个高科技时代的产物的作用就显得至关重要。

一、校园足球发展面临的一些问题

（一）运动选材缺乏科学理论指导

运动选材是竞技体育的开始，好的开始是成功的基础。所以从某种意义上来说，足球运动员选材的科学化水平直接影响一个国家足球运动的发展水平。而我国的青少年选材研究长期以来较为滞后，特别是一些基层的教练，依然秉持着那种传统的选材理念，依靠主观性经验进行选材，致使许多优秀的体育人才被埋没。校园足球运动员的选材也不可避免地会面临这些问题，因而在运动选材方面科学的理论指导就显得尤为重要。虽然在 20 世纪 80 年代初形成了一门独立学科——《运动选材学》，但其理论未形成较为完整的体系，依然有待进一步完善。

（二）运动训练难以保质保量完成

运动训练是提高运动成绩的一个必不可少的环节，没有大量的训练难以达到预期效果。在校园足球运动员训练的过程中，常常会出现各种各样的问题，有的来自任课教师，有的来自学生家长，还有的来自学生自身，如何平衡各方面的关系，处理好学生学习与训练的矛盾，这也是一个需要深入研究的课题。培养一名优秀的运动员更是一个长期的过程，需要持之以恒的坚持，因而运动训练是运动员成材的保证。

（三）运动竞赛未能形成长效机制

足球联赛是校园足球活动的重要组成部分，是评估校园足球开展效果的主要途径，足球联赛开展的质量也直接反映出校园足球开展的情况。应按照全国校园足球竞赛方案，着力构建以校内竞赛、校际竞赛和区域性竞赛为主的校园足球竞赛体系，完善校园足球四级联赛机制。近年来，各类校园足球竞赛活动有所增加，但仍然没有形成长效机制和规模效应。因而，进行校园足球改革，将校园足球竞赛常态化、规模化势在必行，应尽快建立符合地域特色的校园足球竞赛体系。

（四）校园足球文化氛围较为缺失

纵观欧洲、南美那些传统的足球强队，不难发现他们都有着较为浓厚的足球氛围，足球仿佛成了他们生活中不可或缺的一部分，而我国的足球文化则相对缺失，特别是在校园。大部分人更看重的是你的文化成绩，在这种社会价值观的引导下，许多有运动天赋的青少年最终没有走上踢足球的发展道路，校园足球文化建设也成为一件亟待解决的问题。

二、校园足球可持续发展的途径

（一）构建校园足球大数据平台

把互联网和大数据的先进理念引入校园足球的实践中，通过大数据与学生体质健康测试、体育高考、校园足球四级联赛相结合，以客观数据为依托，对校园足球运动员进行科技化选材。这样既可以弥补过去选材指标数据的静态化和片面性等缺陷，又能为校园足球教学、训练和比赛提供一定的参考和借鉴。同时，要在全国范围内建立运动员选材广域网，把全国当成一盘棋来下，实现资源共享。

（二）建立大数据足球训练基地

结合地域特色和气候条件建立大数据足球训练基地，基地不仅可以进行运动员的日常训练，还可以承办各类足球赛事。依托引进的可穿戴设备和先进的智能场馆，对在此进行训练和比赛的球员进行数据采集，最终形成球员的大数据。例如，对球员的跑位、速度、心率等方面的数据进行持续收集后，以动态的方式全面量化分析，从而计算出更科学合理的训练方法，并为比赛中的关键决策提供重要依据。还可以将在足球训练基地采集到的大数据同国外足球强国同龄数据进行对比，找出形成差距的原因，并采用科学化的训练手段进行弥补。

（三）校园足球竞赛体系常态化

纵观国外一些校园足球发展较好的国家不难发现，这些国家都很重视足球后备人才的培养，也建立了相对完善的校园足球竞赛体系。而我国虽然已经初步建立起了校园足球四级联赛机制，但依然还有诸多问题亟待解决。竞赛多采用赛会制的形式，竞赛周期短，比赛强度大，运动员得不到充分的休息，容易产生安全隐患。此外，地区之间的差异和不平衡，也不利于校园足球的推广。因而需要进一步完善校园足球竞赛体系，使之更加常态化、科学化。

（四）校园足球文化建设多样化

校园足球文化是校园文化的重要组成部分，是足球文化与校园体育文化的共同产物，是学生在掌握足球基本技能，参加各类足球活动的过程中接受的德、智、体、美、劳的综合教育，由物质文化、制度文化、精神文化构成。在建设校园足球文化的过程中，应采用多种多样的方法，可以通过举办足球沙龙、足球知识竞赛、足球趣味游戏、足球知识讲座等，为学生提供交流足球技艺、展示足球技能的平台，让更多的学生参与到足球运动中来，体会足球的乐趣和魅力。

大数据时代的到来，给我国足球运动的发展提供了契机，特别是为校园足球的选材与育才提供了一种新的思路，将大数据与校园足球进行深度融合，发挥好“大数据”在校园足球选材、教学、训练和比赛中的作用，利用好这笔无形的数据资产，中国校园足球的发展未来可期。

第六章　可持续视域下高校校园体育文化建设实例

第一节　湖北省高校民族传统体育可持续发展

全球一体化的今天，西方现代体育文化对我国传统体育文化的冲击和挤压已经是不争的事实。在我们无法抵制西方现代体育文化的侵入，又不能完全摒弃传统体育文化的现实面前，实现传统体育现代化发展的转型已经迫在眉睫。湖北省地处我国中部地区，是一个教育大省，省内高校云集，同时又是一个多民族省份，主要以汉族、土家族、苗族、回族和侗族等为主。各民族都有其特色和能够反映本民族文化精髓的民族传统体育项目，不同民族文化在此进行激烈的碰撞、融合和演化。中国共产党第十九次全国代表大会，习近平总书记代表十八届中央委员会向大会作报告，报告提道，在我国过去五年的历史变革中，思想文化建设取得了重大进展，文化事业和文化产业蓬勃发展，全民健身和竞技体育全面发展，文化自信得到彰显。并且提出，坚定文化自信，推动社会主义文化繁荣兴盛，加强文物保护和文化遗产保护。十八届五中全会审议通过了《中共中央关于制定国民经济和社会发展第十三个五年规划的建议》，多次强调文化的重要性，并指出要坚定文化自信，增强文化自觉，加快文化改革发展。促进高校民族传统体育的发展无疑是我国当前全面加强文化建设，激发全民族文化创造活力的重要抓手，坚定文化自信，加强文化保护与传承的重要抓手。因此运用社会学、管理学和经济学的方法和理论从科学持续发展的角度对湖北省高校民族传统体育事业的发展进行探讨，具有一定的理论创新和现实意义。

一、湖北省高校民族传统体育的发展现状

（一）民族传统体育的竞技成果

湖北省代表团历经了从 1999 年在第六届全国民族传统体育运动会上实现金牌零的突破并获得 3 枚金牌，到 2015 年第十届全国民族传统体育运动会上获得 11 枚金牌、17 枚银牌、18 枚铜牌，金牌总数在全国 34 个代表团中名列第 3 名的华丽转身。湖北省代表团近五届全国民运会的奖牌总数与金牌数量都在稳步增长，取得这些成绩其实与湖北省民族传统体育竞技近几年依托高校的发展战略密不可分。目前，湖北省民族宗教事务委员会、湖北省体育局已先后多个批次与省内武汉体育学院、中南民族大学、湖北民族学院、武汉商学院等高校共同确立了 10 多个民族传统体育项目省级训练基地，如武汉体育学院的民族式摔跤训练基地、中南民族大学的民族健身操、毽球和射弩训练基地，湖北民族学院的三人板鞋、陀螺和蹴球训练基地，武汉商学院的马术、独竹漂和小龙舟训练基地等。据悉在历届全国民族传统体育运动上为湖北省代表团夺得奖牌的运动员有相当一部分来自上述高校的民族传统体育省级训练基地。如湖北省代表团在 2015 年第十届全国民族传统体育运动会上获得的 11 枚金牌，高校民族传统体育省级训练基地就占到了 6 枚。除了在全国赛事中斩金夺银外，湖北省内还每四年举办一届省级民族传统体育运动会，民族地区各县市每年也会举办一些中、小规模的民族传统体育运动会或单项赛事，举办这些系列赛事和加强高校训练基地的建设，能够促进各高校高水平训练队之间的相互交流、取长补短，还能够提高运动员的竞技水平，使其积累大赛经验。在为全国民族传统体育运动会甄选优秀运动员和培养大量后备人才的同时，对湖北省高校民族传统体育运动的普及与推广，对民族传统体育文化的传承与弘扬都起到了极大的推动作用。

（二）将民族传统体育引入高校校园课程

民族传统体育引入高校校园是通向竞技体育与大众全民健身的重要媒介，当今全球广泛传播和开展的现代体育项目，如足球、篮球等都曾经是西方国家带有浓郁民族和地域特色的传统体育运动，当初在发展壮大的过程中无不是选择了学校这一块肥沃的土壤，因为教育是一种重要的文化传承方式。目前，湖北省内许多高校都将武术套路、太极拳、散打、毽球、陀螺和高脚竞速和民族健身操等具有民族特色的体育项目纳入校本课程，甚至武汉体育学院和武汉大学还设置了民族传统体育文化理论课程；群体推广方面中国地质大学和湖北大

学于2010年左右先后成立了舞龙舞狮协会，两所民族类院校——中南民族大学和湖北民族学院还组建了民族健身操、毽球、射弩、蹴球、陀螺和板鞋竞速等项目的高水平运动队。在岁时节庆、校运动会与系列赛事中增加了肉连响、摆手舞、翻树叶和押加等内容，其主要目的是在高校校园内传承与弘扬民族传统体育文化，普及与推广民族传统体育项目，提高大学生群体参与人数，并做好竞技人才的培养和储备工作。此外，近十多年来高校民族传统体育领域的科研成果和立项如雨后春笋般涌现，也为该学科的发展提供了坚实的支撑。每年有大量民族类高校和体育专业类院校毕业生踏入社会，延续了民族传统体育在大众全民健身中的生命力。

二、湖北省高校民族传统体育面临的困境

（一）竞技体育的功利化和精英化愈发突出

每四年一届的全国民族传统体育运动会和湖北省民族传统体育运动会，湖北省委、省政府和各级地方政府都特别重视。大量的经费投入和周密的后勤保障都为赛事提供了有力的支持，但这种投入与重视都带有一定的功利性和周期性。许多高校民族传统体育训练基地的基层工作者都反映，部分项目的教练员、运动员都是从专职教师与学生运动员中临时抽调的，竞赛活动结束后民族传统体育的运动训练工作便跌入低谷，民族传统体育竞技活动还存在忽冷忽热的情况。高校民族传统体育训练基地平时的训练经费保障、教练员待遇和部分优秀运动员今后的去向等问题还亟待解决。这主要是由于，首先，湖北省各高校民族传统体育训练基地的经费由湖北省民族宗教事务委员会统一拨付，来源有限，渠道单一；其次，教练员的付出与酬劳比例失调，影响教练员的工作热情；最后，大学生运动员往往受学制所限，要考虑今后的就业发展，不能全身心地投入运动训练。当前，高校竞技化发展在国内学术界被认为是推广和普及民族传统体育的重要手段之一，但竞技化的发展模式也存在着自身较难克服的弊端。特别是针对全国民族传统体育运动会竞赛类项目的人才培养和梯队建设，选材范围极窄，易导致其脱离大众而成为少数“精英”的特权。在我们利用西方现代体育的理论方法、组织制度和价值观念对民族传统体育进行改造时，也极易在民族传统体育上催生出西方现代竞技体育的精英化现象。

（二）学校教育课堂教学与大众群体健身面临文化缺失

民族传统体育除了竞技化发展模式，学校教育课堂教学与大众群体健身

也是民族传统体育在高校内传承和发展的另外两个重要平台。当前湖北省内许多高校的课堂教学以及全民群体健身活动中都引入了民族传统体育的项目和内容，如大学公共体育课中的武术套路，群体健身活动中的太极拳等。但广大教师、学生和群众在参与时，往往认为它仅仅只是一种体育项目或运动，并没有深刻认识到中华武术所蕴含的传统文化和价值内涵，但民族传统体育首先是一种文化现象，其次才是体育项目或运动本身。体育文化应有本、末之分。所谓本，即隐藏在体育文化深层的价值观，它在体育文化运行中居于核心地位，起价值引导作用；所谓末，就是价值观的外在延伸，即那些被称为“技”或“术”的行为、技术、规则等文化表层内容。近几年，在民族传统体育加速进入高校的课堂教学与群体健身活动的过程中，这种错误认识也导致参与者只是在进行“技”或者“术”层面上的被动式行为练习，在面对西方现代体育文化的强烈冲击下，更难以使广大师生产生对民族传统体育文化和价值的认同，而这种文化缺失恰恰对民族传统体育依托高校的发展是最为不利的。

（三）西方现代体育冲击导致部分项目的参与人数少、普及率低、关注程度低

民族传统体育大都具备浓郁乡土气息的草根文化，来源于民俗民间的生产生活、传统习俗和宗教祭祀活动，与强调竞争和突出个性的现代西方体育文化相比缺乏一定的“认同度”。就选取何种健身运动来说，大学生更喜欢选择那些时髦的、有趣的、实用的、轻松的、有刺激性和更具观赏性的西方现代体育运动项目，自然而然参与和关注民族传统体育的人就越来越少。湖北省高校部分民族传统体育项目如板凳拳、跷旱船、打三棋等由于自身传承的局限性，再加上受到了西方现代体育的冲击，现在受关注的程度越来越低，更谈不上在高校校园内进行普及和推广了。甚至还有一些民俗民间传统体育项目的精髓和技艺只被极少数的几位传承人所掌握，在湖北省民族传统体育类别国家级非物质遗产名录中，许多民族传统体育项目的传承人已七、八十岁，武当武术传承人赵剑英与肉连响传承人吴修富都先后去世，另外土家族撒叶儿荷传承人覃自友、岳家拳传承人张业金及龙舞传承人邓斌已七、八十岁高龄，一旦这些传承人逝去，很多项目都会中断，活态的传承随时存在消亡的可能性，更谈不上进入高校校园进行普及与推广了，这对湖北省民族传统体育文化事业来说是沉重的打击。

（四）文化模仿带来的民族性削弱

民族传统体育在高校校园内普及与推广时面临的文化缺失，使其在面对西

方现代体育冲击时产生了文化休克现象，这种休克现象也使得我们对自身传统文化产生了自卑心态，从而盲目的地对西方现代体育进行文化模仿。诚然西方现代体育有科学和系统的理论与方法做支撑，有着先进的组织、运行与管理体制，有着强调更快、更高、更强并突出竞争和对抗的体育价值体系，但如果在高校校园内传承与发展民族传统体育时全盘照搬西方现代体育的模式，会使得我们自身的文化失去民族个性而变得支离破碎。就拿湖北省一些体育、公安类专业院校和综合类高校体育院系设置的武术散打来说，在借助现代体育竞技体制和比赛模式发展壮大时，始终缺乏自身的特色。再如湖北省部分民族类高校学者和专家对“抢花炮”项目现代化改良的诟病，“抢花炮”项目本身极具娱乐性、趣味性和隐蔽性，但近几年该项目的发展也不容乐观，为了防止运动员在比赛中作弊专家对竞赛规则和花炮的尺寸都做出了修改，使得该项目越来越类似于西方的橄榄球运动，而对于参赛的运动员的体能要求越来越高，原本是技能主导却变成了体能主导的方式，同时还让该项目的娱乐性和趣味性大打折扣。这种改造只是让民族传统体育披上了一层现代化的躯壳，盲目的文化模仿正在逐渐地消解民族传统体育的文化内涵，使得原本具有的鲜明的民族性特征逐渐被削弱。

三、湖北省高校民族传统体育持续发展的思考

（一）加强政策支持

高校竞技体育出成绩要合理利用利益驱动力，只有为教练员和运动员解决后顾之忧他们才能在课余运动训练和比赛上全身心地投入。这种驱动力既有物质的，也有精神的，但往往前者才是源动力。根据本节的相关调查，影响高校教练员积极性的主要因素有收入偏低、上级领导的唯奖牌论等，少部分大学生运动员在拿到一些奖金后对于今后在学业上的深造和就业去向都心存疑虑。此外，四年一届的全国和全省的民族传统体育运动会都有专款下拨，导致经费的投入具有明显的周期性、临时性和突击性。从 2007 年开始湖北省政府每年拨付 100 万的民族体育专项经费，但其中只有一部分用在了各高校民族传统体育运动队训练基地的建设上。不少高校基层管理者和教练员都建议政府的经费投入应持续化、常态化和规范化，形成稳定的财政投入机制，并提议在经费投入有限的情况下将高校民族传统体育项目放开，使其市场化，吸引更多社会资金参与。因此，针对高校民族传统体育训练基地的教练员待遇、运动员学业深造和就业去向以及经费能否持续投入等问题，需要政府主管部门牵头，由民族宗

教事务部门、教育部门、财政部门和高校等多方联合，共同制定、颁布和实施一套科学合理的政策，以此来支持高校民族传统体育事业的发展。

（二）高校民族传统体育文化传承要凸显核心价值

如果说高校竞技体育是民族传统体育发展的精英化，那么高校的课堂教学和群体活动才是民族传统体育走向大众的重要载体，广大师生才是优秀文化的拥有、吸纳和传承者。十八大后，国家提出扎实推进社会主义文化强国建设，就是要增强华夏儿女对本民族优秀文化的认同和中华民族优秀文化在世界范围内的影响力。当前年轻一代的大学生许多都是在西方和现代文化思潮的影响下成长起来的，缺乏对本民族优秀文化核心价值的认同，如果不使用科学的方法对他们进行引导，灌输式地进行民族传统文化教育只会令他们反感和排斥。应运用适当的方法和措施并借助学校高校教育平台，如通过大学低年级公共体育基础课的民族传统体育活动的外在形式来吸引他们的注意力，再让其在高年级民族传统体育文化理论选修课程中来思考深层次方面的精神内涵，使他们认识到民族传统文化中所蕴含的自然和谐的理念、自强不息的精神、注重伦理道德和强调群体价值的哲学思想。当然也不能忽略西方和现代文化中的优秀成果，既要表现民族个性，又要遵从以人为本的普世价值。

（三）加强高校文化保护与传承的法制化和高校团队建设的制度化和团队化建设

民族传统体育要在高校得到真正的持续发展还需要进一步完善和健全法制化、制度化建设。目前除了《湖北省非物质文化遗产条例》，2016 年 11 月湖北省民族宗教事务委员会在全省民族体育工作座谈会上针对高校省级训练基地系统地出台了《湖北省民族传统体育项目训练基地管理办法（暂行）》《湖北省民族传统体育项目训练基地教练员管理办法（试行）》和《湖北省民族传统体育项目训练基地运动员管理办法（试行）》等条例，湖北省对于湖北省高校民族传统体育文化保护和传承在竞技领域以外方面颁布的法律、法规条例和细则还显得过于零散和琐碎。湖北省教育政府主管部门当务之急应根据相关的国家政策和文件，并结合高校民族传统体育工作的具体情况，主要从民族传统体育文化抢救和非物质文化申遗、保护、传承、开发和利用等方面制定相应的实施条例和细则，来进一步完善和健全高校民族传统体育保护和传承的法制化、制度化建设，以此来科学规范地引导高校民族传统体育工作。以往民族传统体育口传身授、心领神会的传授方式决定了那些濒临失传项目的高超技艺只掌握在1、2个人手里，应对这些具有代表性的大师进行奖励和表彰，要调动他们的积极性，使其投身到民族传统体育文化保护与传承事业中，但湖北省民族传统体育类别国家级非物质遗产名录中有多个民族传统体育项目的传承人已去世或已七、八十岁高龄。因此，在对非物质文化遗产传承人进行奖励和保护的同时，要尝试淡化自上而下单一的“师徒式”的传承方式，要在高校内打造以集体力量为主的保护和传承团队，依托高校的教育平台和丰厚的教育资源，利用优越的师资力量及科研能力重点打造以集体力量为主的保护和传承团队。

（四）现代化转型需立足自身，探寻多元化发展渠道

从1927年我国传统体育开始借助奥林匹克文化模式进行自我改造至今，对于民族传统体育现代变迁与转型的路径和模式的选择，人们一直没有停止过争论，但唯一能够肯定的是西方现代体育主导的发展模式不是我国民族传统体育的唯一选择。原因如下。首先，文化的发展依赖于特定的社会背景和环境，西方现代体育经历了由农业文明向后工业文明逐步递进的社会发展过程。而对于像我国这样的发展中国家，社会转型过程中出现了农业文明、工业文明、后工业文明共存的社会形态，因此传统体育的发展不可能简单复制西方现代化体育的发展模式。其次，在西方现代体育主导的文化秩序下，民族传统体育全盘西化，只会导致世界体育文化的单极化。再次，以往的全盘西化的改造方式告诉我们一味地运用西方现代体育的体制只能让民族传统体育披上一层现代化的外壳，而失去文化的民族个性。因此，湖北省高校民族传统体育现代化转型在适度地对西方现代体育进行模仿的同时还需立足自身，在传统和历史的基础上进行创新。湖北省内特别是民族类高校应从民族传统体育所蕴含的民族精神、文化内涵和核心价值等方面设计校园发展规划，在高校内积极开展教育传承、大众健身、休闲娱乐、岁时节庆和精品赛事等多元化的活动，在运用政策进行宏观引导的同时做好制度创新、培养扶植和服务工作。同时，需要转变思想观念和加大改革力度，使高校民族传统体育产业化、品牌化，只有如此才能为湖北省高校民族传统体育的发展带来持续的活力。

湖北省高校民族传统体育在竞技领域与引入校本课程、课程开发与群体推广等方面已经取得一定的成绩，但仍然面临功利化和精英化突出、文化缺失、参与人数少、普及率低和民族性被削弱等困境。要构建湖北省高校民族传统体育持续发展的生态环境，需要管理部门发挥导向作用给予政策支持，运用科学的方法和措施在高校民族传统体育文化传承过程中凸显核心价值，并加强文化保护与传承的法制化、制度化和校园团队化建设，在立足自身进行现代化转型的同时，探寻多元化发展渠道。

第二节　大连市高校校园体育文化可持续发展

学生的全面发展离不开良好的校园文化，它对高等院校的建设有着非常重要的现实意义。本节引用生态文明观理论，以生态校园体育环境文化、体育文化活动和体育精神文化为研究主线，对大连市 11 所高校 220 名在校大学生及 110 名教职员工进行问卷调查，并随机访谈了高校的领导、体育专家、学者。目前大连市高等院校生态校园体育文化建设中存在的问题集中表现在：隐性环境文化不充分；体育活动在内容和形式上均存在缺欠；文化价值取向偏失等。针对上述问题，笔者在生态文明观视角下提出了大连市高校校园体育文化可持续发展的优化对策。

树立生态文明观，大力倡导建设生态文明，明确树立人与自然和谐共处的价值伦理观念，是在党的十七大上首次提出的。科学文化走向生态文化不仅是人类社会发展的必然，更是文化的制高点，可持续发展的校园文化应当将和谐的人与自然、人与人乃至人与社会关系的建立放在最中心的位置，追求人与自然和谐共处是对生态文明观的高度概括，这就是基于生态文明观视角的校园文化的建设问题。

生态校园文化以学生发展为本，是学校全员创造的物质文化总和以及思想观念和价值体系的综合体，全员身处的育人环境以及他们的文化水平，决定了他们对人与自然、人与人相互关系的认识水准，进而形成学校在教育、管理、娱乐等各领域的和谐状态。一所大学只有建设特色的高品质校园文化，师生才能具有使命感和责任意识，并自觉、自愿地将自身理想追求和智力资源汇聚到学校的大目标中，并潜移默化地融入学校的大发展中，最终实现自身的可持续发展。

教育归属民生，而体育归属文化。良好的校园文化是大学教育生存发展的重要支撑，更是学校精神领域的重要载体，体育文化必然包含其中。良好的校园体育文化氛围的构建对于高等院校的建设、学生的全面发展无疑具有积极的理论意义和实践价值，构建和谐、积极、上进、高尚的生态校园体育文化，有利于培养全面发展的人才。

一、对象与方法

（一）研究对象

研究对象来自大连市 11 所高校，其中部属 3 所，省属 7 所，市属 1 所。

在校大学生 220 名，高校教职员工 110 名。

（二）研究方法

1. 文献资料法

本研究主要借助中国知网，采用电子检索的手段，重点围绕本研究的关键词，查阅了近十年来教育类、体育类中文核心期刊的相关硕博论文及相关领域学术期刊合计 62 篇，阅读相关研究成果 11 部，为本研究的顺利开展做好了理论铺垫。

2. 问卷调查法

依据研究需要，采取封闭和开放式问答两种问卷形式。学生问卷的发放在课堂或宿舍、田径场进行，所有学生问卷均是在现场定时填写回收的，发放并回收问卷 220 份，有效回收率为 100%。教师问卷的发放在各学院、部门的办公室或会议室进行，均为限时回收，教师对象基本涵盖各层次的教职员工，共发放问卷 110 份，回收 110 份，有效回收率为 100%。

3. 访谈法

访谈内容涵盖大学体育文化建设的相关内容，涉及体育环境文化、体育文化活动以及体育精神文化等多个视角。访谈结果为大连市各高校生态体育文化建设服务。在大连市 11 所高校随机访谈，对象来自高校的领导、体育专家、学者，与体育教学有关的教职员工及在校大学生共 102 人。

4. 数理统计法

使用社会科学统计程序，运用 SPSS10.0 分析软件对调研结果做数据处理并进行分类汇总。

二、结果与分析

（一）关于生态校园体育环境文化

1. 基于高校大学生的视角

所谓校园环境文化，其内涵广泛，宏观上包含总体规划设计的校园结构，也包括文体活动中心等基础设施文化，还包括校园内体现的体育文化环境等。我国高等教育的发展和不断完善，使校园体育环境的育人功能得到凸显，各高校在物态环境建设方面均取得了不小的成就。调查结果显示：大学生对校园体育物态环境普遍持肯定态度。调查数据表明：60% 以上的大学生对该校的体育活动设施条件比较满意，但在体育场馆的管理力度方面则有 80% 以上的大学生认为有待加强，54% 的大学生认为学校提供的体育课在数量上尚有较大的提升空间。

2. 校园信息网有助于满足大学生探索式的个性化学习需求

调查结果显示：大学生对本校体育信息平台的满意度不足 10%，大学生基本上不认可。各校必须加强校园网络的体育环境文化建设，努力为大学生的全面发展在体育信息资源方面创造更多、更新的条件。

3. 源于高校体育教师的态度

体育教师对学生的影响，除了知识的传授，还有人格的培养、价值观的塑造等。在校园体育文化建设过程中，不能忽视教师的作用。调查显示：各院校体育教师对教学基本设施如训练场馆及体育信息平台等的满意度比大学生稍高，并比较理智。在校园体育环境方面，被调查的教师有 90% 对学校的总体设计风格、绿化面积较满意，远远超过大学生。这从一个侧面说明大学教师对体育环境文化的满意度更多来自内心的文化感受，而大学生的满意度则体现在外在表现上，具有本质的不同。

（二）关于生态校园体育文化活动

1. 大学生体育社团是重要组成

大学生社团在校园生活中是最活跃和极具色彩的部分，是大学不可缺少的文化景观，更是推动校园文化发展和大学生全面发展的重要载体；能体现高校文化建设的特色，对促进校园体育文化建设，丰富校园体育文化内涵的作用非凡。各高校大学生对社会实践类活动情有独钟。调查显示对于社会实践类活动大多数学生较感兴趣，这说明大多数学生希望通过参加社会实践活动，增强其社会实践能力，为融入社会打好基础。而对单纯的体育知识及科技类竞赛、才艺类的表演竞赛以及公益性的志愿者活动、心理健康讲座等的关注度并不高。这说明各高校大学生对自身全面能力的提高并不重视。各高校体育教师和管理者应该对这类学生进行正确的引导。

大学生体育社团作为校园体育文化活动的重要组成部分，其影响力越来越大，越来越受学生欢迎。调查表明大学生的社团体育文化活动不仅可以丰富校园生活，还具有较好的教育示范作用，并且有利于促进大学生人际交往能力的提升。但是各院校的社团活动并未能满足广大学生的心理需求。举办得虽多，但质量不高。同时存在活动形式单一化、活动场地紧张、管理松散、活动内容形式主义化等问题，各校体育社团文化活动又面临新的挑战。各高校的社团体育文化活动还应该在活动的内容、形式以及管理方式上创新发展，特别是使社团体育文化活动的针对性和吸引力方面有的放矢地得到提高，并能够在生态校园体育文化的建设中发挥更多的作用。

2. 教师是校园体育文化的主导者

和谐的师生关系在生态校园文化建设中意义重大。师生关系的和谐必然有利于激发学生体育学习的积极性和良好体育道德品质的形成以及大学生身心的健康发展，最终有利于构建和谐校园文化。调查显示：不足 20% 的体育教师能够参与学生组织的活动，能够经常与学生互动的体育教师仅为 10%，高校体育教师与学生在生活方面的互动明显缺乏。

教师是校园体育文化的主导者，不仅在教学过程中奉行以人为本、健康第一、教书育人的理念，更应将自身对校园体育文化的引领作用充分发挥出来，进而构建和谐的生态校园体育文化。超过 30% 的体育教师并未认识到教师、学校与校园体育文化的关系。大多数体育教师能够认识到学校校园文化发展与学校发展之间是相互决定、影响的关系，知道生态校园体育文化建设的重心，但教师队伍对校园体育文化建设内涵的认识程度尚有较大提升空间。

（三）关于生态校园体育精神文化

1. 大学生的体育道德观念

接近 80% 的学生对学校的校训基本了解，而认为学校总体校风、教风和学风一般的达到了 60%，这表明各院校在校风、教风和学风方面不能满足大多数学生的发展需求，在生态校园文化的建设中此种问题不容小觑。只有将教师的主导性和大学生的主体性统一起来，才能调动师生参与生态校园体育文化建设的积极性，教风和学风好转了，良好的校风才能形成，师生在参与体育文化建设的过程中必然就会受到良好的熏陶和教育，这是相辅相成的。

大部分学生很重视自己的道德修养，努力提升自我。“侠义文化”在部分学生中存在，与生态校园文化极不和谐。这与对体育成绩关注过多，而对品德关注不足有关；体育教师往往言教多于身教更是不无关联；这为思想道德教育工作提出了新课题。

90% 以上的大学生认为应该维护公平竞争的体育道德，接近 10% 的大学生认为是否吃亏是能否按规矩办事的标准，极个别的学生认为为获得各种利益而不择手段是对的。这些数据表明仍有部分同学的体育道德观不正确，这正是高等院校生态校园体育文化建设中需要正视的问题。

2. 教师的体育道德观念

校风从价值观念上影响教师的成才和成长，这在一所学校的校训、校徽、教风、学风等方面都有体现。富有特色的校训，能够激励学生奋发向上，而且可以对教师的言行起到规范作用。调查显示接近 20% 的教师不太清楚本校校训。超过半数的教师认为学校校风一般。

教师的职业认同感的确立和强化是教师专业化的体现。调查发现，体育教师具有较强的职业认同感。95% 以上的教师能认同教育教学的价值所在，可以体会到教书育人的成就感和意义，各高校 70% 以上的体育教师对自己的职业有比较清晰的规划。

部分院校学生的体育道德观念不强，而部分体育教师与大学生相比受到了更为严重的社会不良风气的影响，在体育道德观念上和准则方面出现了一定幅度的偏移。80% 以上的体育教师能够尊重学生的选择，但在引导学生理性地崇拜偶像方面尚需加强。

三、高等院校生态校园体育文化建设中存在的主要问题

（一）校园体育环境隐性文化不足

各高校都对体育设施建设比较重视，相比较而言对隐性文化层面的关注度却明显不足，因此校园物态环境文化的内涵建设的提升是重中之重。

调查显示，和谐气氛在师生之间并不能经常见到，教师对学生在校园体育文化建设上的组织和引导也非常有限。学校在生态校园体育文化方面的感情投入较为不足。15% 的教师不够热爱自己的教育对象，对学生生活的关照程度不足。同时，部分教师对校园体育文化的建设在认识上存在较大不足。

（二）校园体育文化活动在内容和形式上均存在欠缺

各院校社团体育文化活动往往表现为表面的繁荣，内核不充实。多数院校对社团体育文化活动的重视只停留在口头上，经费投入不足；缺乏指导教师是常见现象，直接导致活动内容形式化、活动形式单一化，最终必然出现学生参与度不高等问题。

开放的世界，导致文化的发展必然呈现相互借鉴、交流进而相互影响，最终形成共同繁荣的大局面。高校校园体育文化也应如此。但是，调查显示，各院校的体育文化在发展中存在封闭性的问题，比较突出的是院系之间缺乏文化

交流，尤其是联合办学模式的院校，各校区各自为阵，校园体育文化活动从总体上看形式单一。

（三）校园体育文化价值取向偏失

校园文化价值取向是校园文化的核心内容。调查显示，文化建设在各高校发展规划中未占据重要的位置，有重物质、轻精神的倾向。各院校的校风、教风、学风建设仍存在一定程度的问题。如部分院校的校规对某些专业的学生约束力不够，大学生自身的生态文明意识也不强，狭隘的“侠义文化”思想以及盲目地追星心态还较为普遍，健康的生态体育理念尚未树立。

体育道德是社会道德的重要组成部分，体育道德教育是不同于其他教育的生态校园文化建设中的特色内容，受到社会不良风气的影响，体育道德准则出现偏移是必然的，这无疑会给各院校的体育道德教育带来不良影响。

四、生态校园体育文化可持续发展的优化对策

（一）树立全员共建生态文化的意识

把生态校园体育文化建设纳入学校发展的总体规划中，并将其视为一项具有系统性和长期性的重要工作任务进行精心规划，同时在建设过程中培养一支生态校园体育文化建设的骨干队伍更是关键。生态校园体育文化在各高校实现其培养目标的过程中的重要作用决定着它一定不是靠某一部门就能实现的，良好的生态校园体育文化能让校园文化的参与者受益，只有树立全员共建生态文化的意识，才能科学合理地实现教育目标。

（二）强化人文生态环境建设

绿色、科学、平衡而和谐的校园生态环境一定是指向全体师生的，最直接指向的是学生健全的人格和健康的心理。生态环境是生态校园文化构成中最重要的组成部分，在建设过程中关注自然生态环境是必要的，加强人文环境的建设任重道远。对于人文社会生态环境的营造也不容忽视。

如果说校园生态体育环境的创造体现的是全员的愿望，那么就必须在建设美好校园环境的同时，重视人文社会生态因素。一个好的校园体育物质环境必然要使校园景致与文化达到高度契合，并充分考虑规划布局中基础设施与景观的和谐，只有拥有自身的格调和品位，才能使积极向上的校园精神得到有效提升。

学校教育中课程规划以外的如学校建筑、设备，文化环境、人际情境之中

的不明显的隐性课程，更加重视对人的性格和人格方面的培养和陶冶。因此，从校园环境建设的另一个视角看，校园文化环境中的隐性课程更应受到重视。

（三）校园体育精神文化建设是关键

优良的校园精神文化，有利于浓厚的教育氛围的形成。校风是校园精神的重要体现，直接决定着学校形象的优劣。优良的教风，优质的学风和考风，以及良好的工作作风等，都是创设优质校园文化育人环境必不可少的条件。

平等公正的氛围是校园生态体育精神文化建设的需要，其发展还需要自由、民主环境的呵护。只有师生员工自由、民主观念增强了，才能从根本上改善人际关系，真诚合作的行为习惯以及人与人之间相互关心、相互理解、互相帮助的良好品德才能形成。才能真正地实现人与自然、人与人、人与社会和谐共处。

在建设生态校园体育精神文化过程中，要重点强调的是努力拼搏、不屈不挠的体育精神力量，指导大学生积极进取，完善自我。更要强调反兴奋剂、公平、公正的体育道德观念，使得师生员工具有良好的体育价值观，抛除狭隘的”江湖侠义”，公平公正地看待万事万物。除此，对于体育教师的体育道德观还要重点强化，完善体育道德教育规章制度。体育教师是大学生的体育教育施教者，其道德观念对学生的体育道德水平有直接影响，实施体育道德教育制度化，有利于提高实际教育效果，也有利于更好提升所有体育活动参与人员的道德水平。

被教育者的体育道德情感可以在体育活动、各种竞赛和体育表演中得到强化，结合体育实践感和情感体验，体育道德认识可以不断得到提升。对于体育明星应正面塑造，引导大学生理性崇拜。

参考文献

[1] 于涛. 体育哲学研究 [M]. 北京：北京体育大学出版社，2000.

[2] 卢元镇. 体育社会学 [M]. 北京：高等教育出版社，2020.

[3] 李元伟. 科技与体育：关于新世纪体育科学技术发展问题 [J]. 中国体育科技，2002（06）.

[4] 王智慧，王国艳. 体育科技与体育伦理辨析 [J]. 体育文化导刊，2012（06）.

[5] 张朋，阿英嘎. 科技与体育的对话：利弊述评 [J]. 福建体育科技，2015（04）.

[6] 于涛. 从哲学角度再认识身体对揭示体育本质的意义 [J]. 上海体育学院学报，2008（03）.

[7] 张洪潭. 体育的概念、术语、定义之解说立论 [J]. 西安体育学院学报，2006（04）.

[8] 周爱光. 体育本质的逻辑学思考 [J]. 武汉体育学院学报，1999（02）.

[9] 熊斗寅. “体育”概念的整体性与本土化思考：兼与韩丹等同志商榷 [J]. 体育与科学，2004（02）.

[10] 王春燕，潘绍伟. 体育为何而存在？：20 世纪 80 年代以来我国体育本质研究综述 [J]. 体育文化导刊，2006（07）.

[11] 宋震昊. “体育”本体论（二）：体育概念批判 [J]. 南京体育学院学报（社会科学版），2006（03）.

[12] 胡科，虞重干. 真义体育的体育争议 [J]. 南京体育学院学报（社会科学版），2010（04）.

[13] 张军献. 寻找虚无上位概念：中国体育本质探索的症结 [J]. 体育学刊，2010（02）.

[14] 何维民，苏义民. “体育”概念的梳理及匡正 [J]. 武汉体育学院学报，2011（03）.

参考文献